Weinschule

Basiswissen für Weinfreunde

Weinschule

Basiswissen für Weinfreunde

Piemonte
Bonarda
2003
12,5% vol.

Inhalt

Wein – eine Erfolgsgeschichte

Die Weinrebe ist eine der ältesten Kulturpflanzen der Erde. Bereits vor mindestens 7000 Jahren züchteten Bauern im Gebiet des heutigen Georgien und im Süden des heutigen Irak die ersten Reben aus wildem Wein. Als eigentliches Ursprungsland des Weinanbaus gilt jedoch das antike Persien – persische Weine waren schon im Altertum hoch geschätzt.

Von Persien aus breitete sich der Weinanbau im gesamten Nahen Osten bis nach Nordafrika aus. Im 2. Jahrtausend v. Chr. gelangte er dann über Ägypten nach Griechenland – bereits vor gut 3700 Jahren wurden auf Kreta die ersten Trauben gekeltert. Zu dieser Zeit war Wein allerdings unverdünnt kaum genießbar, und so versetzte man ihn meist mit heißem Wasser oder aromatisierte ihn mit Kräutern. Der so entstandene Wein wurde in Königshäusern und adligen Kreisen zum beliebten Getränk. Über viele Jahrhunderte wurde aus dem Weinbau ein Handwerk, das sich im Zusammenspiel mit der Natur zu einer eindrucksvollen Kunst entwickelte.

Allerdings lieferten erst die Römer das nötige Handwerkszeug, um Wein zum klassischen Getränk zu machen. Ihre Methoden des Anbaus und der Lagerung werden, vielfach verfeinert und weiterentwickelt, im Grunde bis heute angewandt. Mit den Römern wurde Wein auch zum Statussymbol, zur Währung, zur Medizin und schließlich zur Massenware, die zeitweilig billiger war als Wasser. Und mit Roms Legionen breitete sich die Kultivierung der Weinrebe rasant über ganz Europa aus.

Nach dem Untergang des Römischen Reichs übernahmen vor allem die mittelalterlichen Klöster die Weiterentwicklung und Pflege der Weinkultur. Denn Wein war schließlich nicht nur für die Liturgie von großer Bedeutung. Aufgrund seines Alkoholgehalts war er wesentlich keimfreier als Wasser. Im Spätmittelalter blühte der Weinbau dann in ganz Europa. Und mit den großen Entdeckern und Eroberern gelangten die Weinreben ab dem 16. Jahrhundert auch in die Neue Welt. Eine große Krise erlebte der Weinbau im 19. Jahrhundert. Das Aufkommen von Rebkrankheiten, vor allem das Wirken der Reblaus, brachte den Anbau vielerorts fast völlig zum Erliegen. Erst mit dem beginnenden 20. Jahrhundert nahm die Erfolgsgeschichte des Weins wieder Fahrt auf, die bis heute ungebrochen anhält.

Nie zuvor in der Geschichte des Weins hat es ein so großes und gutes Angebot an köstlichen Tropfen gegeben. Doch eben aufgrund dieser stetig wachsenden Vielfalt fällt es dem Weinliebhaber heute auch zunehmend schwerer, sich im Weinregal, sei es im Fach- oder Einzelhandel, zurechtzufinden. Man muss nun kein ausgewiesener Weinkenner sein, um Wein nicht nur zu trinken, sondern ihn auch genießen zu können. Einige Grundkenntnisse über die Arbeit von Winzer und Kellermeister sowie die Grundlagen der Verköstigung werden jedoch dazu betragen, Wein nicht nur besser zu verstehen, sondern sich in dem vermeintlich unüberschaubaren Angebot auch besser orientieren zu können.

Die Verkostung

Kaum ein anderes Genussmittel ist so vielseitig wie der Wein. Es gibt eine fast unüberschaubare Sortenvielfalt, diverse Herkunftsländer und jedes Jahr wieder einen neuen Jahrgang.

Wein besitzt eben etwas Lebendiges, das sich, ähnlich wie beim Menschen, im Laufe der Zeit mehrmals verändert: In seiner Jugend ist er oft ungeschliffen und übermütig, es fehlt ihm noch die nötige Harmonie. Mit fortschreitendem Alter gewinnt er jedoch an Kraft und Reife. Der Wein erlangt dann eine wohlschmeckende Ausgeglichenheit.

An dieser Entwicklung können wir als Weinkonsumenten teilnehmen und dabei eine ungeheure Vielfalt an Geschmacksrichtungen, Aromen und Düften entdecken, die zu ganz unterschiedlichen Gelegenheiten passen: zum mehrgängigen Menü in stilvollem Ambiente oder zur einfachen Brotzeit, zum Genießen oder zum Zechen, zum alltäglichen Verzehr oder zum Lagern. Die Auswahl an vorzüglichen Tropfen ist schier unendlich.

Um den richtigen Wein für die richtige Gelegenheit herauszufinden, bietet sich eine Weinprobe an, und die beginnt zunächst mit einer optischen Prüfung. Zwar können wir damit allein kein Qualitätsurteil fällen, doch der erste Eindruck beeinflusst die Erwartungshaltung bei der folgenden Verkostung.

Das Auge trinkt mit

Ob leuchtendes Purpurrot oder sattes Bernsteingelb, die Farbe des Weins ist eine Botschaft für die Sinne. Sie kann aber auch etwas über das Alter, die Rebsorte und über die Qualität des Weines verraten. Genaues Hinschauen lohnt sich also!

Um die Farbtiefe zu bestimmen, muss man das Glas gegen eine Lichtquelle halten. So lassen sich Glanz und Klarheit am besten beurteilen. Ein Weißwein sollte völlig klar erscheinen, eine Ausnahme bilden lediglich ungefilterte Weine oder ältere Rot- und Portweine, die einen Bodensatz haben, der durch die Bewegung der Flasche möglicherweise aufgewirbelt wurde.

Dies ist einer der Gründe dafür, dass ältere Rotweine vor dem Ausschenken in eine Karaffe gefüllt, „dekantiert", werden, denn so bleibt der Bodensatz in der Flasche. Grundsätzlich lässt die Farbe im Glas Rückschlüsse auf das Alter zu:

Weißwein

Weißweine dunkeln mit zunehmendem Alter nach. Leichte, junge Weißweine präsentieren sich zunächst hellgelb mit zarter Grünfärbung. Vor allem gehaltvolle Weißweine, die womöglich kurz vor der Maische standen, sind jedoch nie ganz hell, sondern zeigen sich schon jung in einem Zitronengelb. Ältere Weißweine haben eine goldgelbe Farbe. Eine hellbraune Tönung verrät: der Wein ist oxidiert.

Roséwein

Auch ein Rosé dunkelt mit zunehmender Reife nach. Jung erscheint er erdbeerfarben, und im gereiften Zustand wirkt er eher lachsfarben.

Rotwein

Bei Rotweinen ist die Farbentwicklung umgekehrt. Sie hellen sich mit zunehmendem Alter auf und weisen im Glas einen orangefarbenen Schimmer am Rand auf. Ein junger, gehaltvoller Wein, kurz nach dem Abfüllen, erscheint schwarzrot mit violetten Abstufungen. Mit Beginn seiner Entwicklung wird er purpurfarben.

Ein leichter, junger Rotwein wirkt dagegen kirschrot und erhält in reiferem Zustand eine rubinrote Färbung. Reife und komplexe Weine sind granatrot, ziegelrot erscheint der Rotwein, wenn er auf den Punkt gereift und gehaltvoll ist.

Bordeaux-Weine, besonders aber Burgunder, tendieren nach gut 20 Jahren oft ins Bräunliche und werden beinahe unansehnlich. Die Farbe steht dann im krassen Gegensatz zum Geschmack, denn dieser nähert sich nun seinem Höhepunkt und entwickelt eine feine, malzige Süße. Generell lässt sich feststellen, dass, je größer der Anteil an brauner Farbe ist, desto älter ist auch der Wein. Ist der Rotton völlig verschwunden, hat der Rotwein auch seinen Höhepunkt überschritten.

Mit der Nase schmecken

Bei einer Verkostung wird der Wein, noch bevor der erste Tropfen die Lippen berührt, im zweiten Schritt einer gründlichen Prüfung durch die Nase unterzogen, denn ein großer

Ganz gleich ob rot, weiß oder rosé – der Wein im Glas sollte immer klar und leuchtend sein, niemals stumpf und trüb.

Teil dessen, was wir zu schmecken glauben, riechen wir in Wirklichkeit. Die Geruchsprobe ist daher ein sehr wichtiger Bestandteil der Verkostung. Sie hilft das Alter des Weins einzuschätzen und die Rebsorte, eventuell sogar das Anbaugebiet, zu erkennen.

Der Duft des Weins geht von den flüchtigen Substanzen aus, die den größten Teil seiner Aromen prägen. Das Zusammenspiel der einzelnen Aromen ergibt, ähnlich wie das der Instrumente eines Orchesters oder der Blüten eines Blumenstraußes, einen wohlkomponierten Gesamtgeruch, den man als Bouquet bezeichnet. Sowohl das Bouquet wie auch die Einzelaromen nehmen wir über unser Riechorgan auf; sie tragen zu dem großen Vergnügen bei, das wir beim Weingenuss empfinden. Außerdem können sie auch Hinweise auf Fehler geben, die sich im Mund vielleicht noch nicht bemerkbar machen, den Wein aber früher oder später zerstören können. Um die Geheimnisse des Weins zu entschlüsseln, ist also vor allem ein ausgeprägter Geruchssinn nötig. Gut, dass die Nase eines der am besten entwickelten Sinnesorgane ist.

Kleine Aromakunde

Wenn unsere Nase darauf trainiert ist, können wir gewissen Rebsorten immer wiederkehrende Aromen zuordnen. Wie so oft, macht auch hierbei die Übung den Meister, denn kein Wein gleicht dem anderen, und selbst Weine aus dergleichen Rebsorte riechen und schmecken unterschiedlich. Es gibt insgesamt rund 500 Aromastoffe, die entweder aus der Traube, von der Gärung oder aus dem Reifeprozess abzuleiten sind.

Zu Beginn der 1980er Jahre haben Wissenschaftler aus den USA versucht, die unterschiedlichen Aromen des Weins im sogenannten „Aromarad" zu systematisieren.

Primäraromen

Am leichtesten sind die sogenannten Primäraromen aus der Beere selbst zu identifizieren. Diese meist fruchtigen oder blumigen Komponenten sind vor allem bei jungen Weinen noch sehr ausgeprägt. Jede Rebsorte hat ihre charakteristischen Primäraromen, die allerdings je nach Klima und Bodenbeschaffenheit teils stark variieren können. So weisen beispielsweise Sauvignon blancs von der Loire häufig einen ausgeprägten Feuerstein-Geschmack auf, da ihre Trauben auf Böden mit Feuerstein-Gehalt wachsen. Sauvignon blancs aus Neuseeland besitzen dagegen diese Noten nicht.

Sekundäraromen

Die sogenannten Sekundäraromen stammen aus dem Gärprozess. Sie riechen nach Vanille, Toast, Hefe, Butter, Eichenholz oder Gewürzen, können aber auch an gekochte Marmelade, Herbstlaub oder Stallgeruch erinnern, und verflüchtigen sich zum Großteil während des Ausbaus oder der anschließenden Flaschenreife.

Tertiäraromen

Sie sind sehr vielfältig und am schwersten zu beschreiben, da sie unseren Sinnen am wenigsten vertraut sind. Sie entstehen während der Lagerung des Weins durch chemische und physikalische Vorgänge. Man erkennt balsamische und würzige Aromen sowie Holznoten.

Fehltöne

Weine mit Fehltönen, ganz gleich ob Korkschmecker oder andere Beeinträchtigungen, sollten nicht zum Kochen genutzt werden, denn auch hier können sie sich geschmacklich negativ auf die Speisen auswirken.

Auch bei bester Vorbereitung gibt es eine Reihe von Fehltönen, die das sinnliche Erlebnis einer Weinprobe trüben können. Der berühmteste ist sicher der Korkfehler. Er entsteht durch im Kork lebende Mikroorganismen (Schimmelpilze), die durch Stoffwechselprozesse eine Substanz erzeugen, die man schon in winzigen Dosen riechen und schmecken kann. Der Stoff Trichloranisol (TCA) gilt als Hauptursache für das faulig-holzige Aroma. TCA wurde bis in die 1970er Jahre als Bleichmittel zur Aufhellung des Korks, als Bestandteil von Holzschutzmitteln oder Insektiziden eingesetzt. Wissenschaftliche Untersuchungen haben allerdings ergeben, dass nur die Hälfte der Fehl- und Mufftöne im Wein auf tatsächliche Korkfehler zurückzuführen sind.

Außer dem „Korkschmecker" gibt es noch eine Reihe weiterer Fehltöne, die sich in der Regel bereits während der Herstellung in den Wein geschlichen haben. Manche machen sich schon nach ein paar Minuten im Glas aus dem Staub, andere haben den Wein in der Flasche für immer verdorben.

Zu den flüchtigen Weinfehlern zählt der sogenannte „Böckser", der an seinem Zündholzgeruch, am schalen Nachgeschmack oder stinkenden Gäraromen zu erkennen ist. Er tritt vor allem bei jungen Weinen auf, die vor der Abfüllung zu wenig belüftet wurden. Solche Unreinheiten klingen aber in der Regel ab, wenn der Wein im offenen Glas einige Minuten Luftkontakt hat.

Ein bleibender, unwiderrufbarer Fehlton ist dagegen der „Schwefelböxer" mit seinem stechenden Geruch. Er entsteht durch zu hohe Schwefelgaben. Freies Schwefeloxid wird nur sehr langsam gebunden. Es macht sich besonders in stark säurehaltigen Weinen bemerkbar.

Außerdem gibt es eine Reihe von Geruchsanomalien, die nur schwer oder gar nicht aus dem Wein verschwinden. Dazu gehören Mufftöne, die durch Lagerung in unhygienischen Holzfässern entstehen.

Fühlt man sich bei einem Wein an Nagellack oder Essig erinnert, sind flüchtige Säuren dafür verantwortlich. Zurückzuführen ist der Geschmack auf eine zu hohe Menge an Essigsäure, die von Essigsäurebakterien produziert wird. Sie lassen Sauerstoff und Alkohol miteinander reagieren. An diesem Fehlton scheiden sich jedoch die Geister: Manche Genießer lieben ihn, viele empfinden ihn hingegen als störend. Bei Rotweinen und bei Chardonay aus warmen Anbaugebieten treten vermehrt flüchtige Säuren im Bouquet auf. Auch edelsüße Weine sind für einen hohen Essigsäuregehalt prädestiniert.

Kein Fehler: Weinstein

Manchmal sieht man in Weinflaschen kleine Kristalle am Boden oder auch am Korken. In Restaurants führen sie häufig zu Reklamationen. Sie sind jedoch völlig harmlos und kein Grund zur Beanstandung. Das Vorhandensein von Weinstein ist weder ein Fehler des Weines noch ein zwingendes Qualitätsmerkmal. Der sogenannte Weinstein ist lediglich ein Hinweis darauf, dass beim Weinausbau der Wein nicht oder nur unzureichend stabilisiert wurde und die Weinsäure dadurch in einen kristallinen Zustand übergangen ist. Weinstein hat weder schädliche Auswirkungen, noch beeinträchtigt er den Geschmack Erwischt man eine Flasche mit Weinstein, gießt man den Inhalt einfach ganz behutsam in ein Glas oder eine Karaffe, so dass die störende Substanz in der Flasche zurückbleibt.

Das Spiel mit der Zunge

Nachdem Auge und Nase den Wein einer gründlichen Prüfung unterzogen haben, kommt mit Schritt drei der Verkostung auch die Zunge ins Spiel. Auf ihr befindet sich unser Geschmackssinn. Die Rezeptoren liegen an ihrer Spitze, am seitlichen Rand und am Zungengrund. Mit ihrer Hilfe können wir die Komponenten süß (Zungenspitze), sauer (hinterer Rand), salzig (vorderer Rand) und bitter (Zungengrund) erkennen.

Erst im Mund erschließt sich der volle Reichtum eines Weins, von dem die Nase gekündet hat. Die geschmackliche Vielfalt des Weins ist faszinierend. Er kann Aromen von Pfirsich oder schwarzer Johannisbeere, von Gewürznelken, Butter oder getrockneten Feigen annehmen. Doch längst nicht alles was gut klingt, schmeckt aber auch gut. Manchmal sind es gerade die bizarren Aromen, die dem Wein das gewisse Etwas geben. Beurteilt werden die Frische, Dichte, Komplexität, Fülle, Feinheit, Harmonie, Alkoholgehalt, Restsüße und Dauer der Empfindungen.

Zunächst lassen sich vorherrschende Geschmackseindrücke unterscheiden:

Süß oder sauer

Der Eindruck der Süße im Wein entsteht nicht allein durch Zucker, wenngleich Fruktose und Glukose, die im Wein als „Restzucker" der Traube enthalten sind, zuallererst dazu beitragen. Abgemildert wird der Eindruck der Süße durch die Säure des Weins und umgekehrt. Der saure Geschmack von Weinen entsteht durch eine Reihe von Säuren, die zum größten Teil schon in der Traube enthalten sind. Zu der Wein-, Apfel- und Zitronensäure aus der Beere gesellen sich während der Gärung noch erwünschte und

Die Reihenfolge der Weine, die Sie probieren, ist wichtig. Trockene sollten vor lieblichen und leichte vor schweren Weinen probiert werden. Bei verschiedenen Weinarten geht die Reihenfolge von Weiß- über Rosé- zu Rotweinen.

weniger gewünschte Säuren wie die Bernstein- und die Essigsäure. Ein hoher Säuregehalt verstärkt den bitteren Geschmack der Tannine, den Gerbstoffen aus den Schalen, Kernen und Stielen der Trauben. Diese verleihen dem Wein eine raue Note von Trockenheit, die sogenannte Adstringens. Besonders bei tanninreichen Rotweinen ist der biologische Säureabbau daher unbedingt erwünscht.

Die Säuren sind somit entscheidend für die „Struktur" des Weines und verleihen ihm seine Frische. Ein Säuremangel führt hingegen zu flachen, ausdruckslosen Weinen. Allerdings ist Säure nicht gleich Säure.

Apfelsäure hat zum Beispiel meist einen „grüneren" und „härteren" Geschmack als die Weinsäure. Weine mir hohem Essigsäuregehalt schmecken besonders unangenehm und dürr; sie haben einen brennenden, kratzenden Nachgeschmack. Bei einem guten Wein befinden sich die beiden Elemente Süße und Säure in einem harmonischen Gleichgewicht.

Salzig oder bitter

Richtig salzig schmeckt eigentlich kaum ein Wein. Ein hoher Salzgehalt, der auch von den Säuren herrührt, kann allenfalls den Eindruck von Frische verstärken und erhöht im Gaumen die Speichelproduktion, was in der Regel als angenehm empfunden wird.

Ganz anders sieht es mit der Bitterkeit aus, die recht garstig wirken kann. Der bittere Geschmack stammt meist von den Tanninen, die durch das Pressen und Maischen der Trauben in den Most gelangen. Tannine schmecken vor allem dann bitter, wenn sie aus unreifen Trauben, aus nicht verholzten Stielen und zu stark ausgepressten Traubenkernen stammen. „Gute" Tannine sind dagegen viel feiner, edler, weicher und „fruchtiger", auch wenn sie ein pelziges Gefühl und eine zusammenziehende (adstringierende) Wirkung auf Zunge und Gaumen hinterlassen, die erst mit der Alterung des Weines nachlässt.

Die Feinheiten

Wie gut ein Wein ist, hängt davon ab, wie er sich im Vergleich zu gewissen Standards verhält, die an Begrifflichkeiten festgemacht werden, die weder messbar noch objektiv feststellbar sind.

Abgang

Mit Abgang, Nachhall oder Nachgeschmack bezeichnet man den Eindruck, den ein Wein in Mund- und Rachenbereich hinterlässt, nachdem man ihn hinuntergeschluckt hat. Die Fruchtigkeit oder die Gewürzaromen bleiben bei einem guten Wein noch eine ganze Weile erhalten.

Ideal ist ein markanter, langsam ausklingender Abgang. Manche Weine enden aber auch aufgrund ihres hohen Alkoholgehalts brandig oder tanninbedingt bitter. Ein schwacher Wein hat einfach nichts mehr zu sagen, nachdem er hinuntergeschluckt wurde.

Balance

Die Balance beschreibt die Ausgewogenheit zwischen den Strukturkomponenten Süße, Säure, Tannin und Alkohol. Sie sind in einem guten Gleichgewicht, wenn keines dieser Elemente beim Probieren hervorsticht. Die

Einen guten Wein muss man mit Genuss trinken können. Ob einem ein Wein tatsächlich schmeckt wird letztlich aber immer von ganz individuellen Präferenzen und Gewohnheiten bestimmt.

Balance eines Weines besteht somit im Zusammenspiel von harten Elementen (Tannin und Säure) und ihren weichen „Gegenspielern" (Alkohol und Zucker).

Komplexität

Unter Komplexität versteht man den Nuancenreichtum eines Weins, die Vielfalt seiner Aromen und Geschmackseindrücke. An einem einfachen, geradlinigen Wein ist nichts auszusetzen, doch ein komplexer Wein ist einfach interessanter.

Körper

Der Körper eines Weines basiert auf dem Eindruck, den der Wein als Ganzes macht – er lässt sich nicht an einer Stelle auf der Zunge festmachen. Es ist der Eindruck vom Gewicht und der Größe des Weins im Mund, wobei es eine gewisse Abhängigkeit vom jeweiligen Alkoholgehalt gibt. Es gibt Weine, die voller, fetter und schwerer schmecken als andere. Man spricht daher von einem leichten, einem mittleren und einem voluminösen Körper. Auch die Textur eines Weins, ob rau oder eher glatt, hängt mit seinem Körper zusammen.

Länge

Mit Länge umschreibt man, wie lange der Geschmack eines Weins am Gaumen erhalten bleibt, also ob der Wein auf dem ganzen Weg von der Zungenspitze bis in den Rachen schmeckt oder ihm auf halber Strecke über die Zunge die Puste ausgeht.

Ein Wein mit einer guten Länge beschäftigt alle Geschmacksrezeptoren an Gaumen und Zunge und schmeckt noch, wenn man ihn bereits hinuntergeschluckt hat. Die Länge ist ein untrügliches Zeichen für Qualität, die viele moderne, vordergründige Weine nicht besitzen.

Tiefe

Ein subjektives und nicht messbares Attribut für qualitativ hochwertige Weine ist ihre Tiefe. Damit ist gemeint, dass man unter dem ersten Eindruck noch eine Vielzahl weiterer Aromen vermuten kann und der Wein nicht lediglich flach und eindimensional schmeckt.

Das Verkostungsritual

Um die Wahrnehmung der verschiedenen Geschmackskomponenten von Weinen zu trainieren und um herauszufinden, welche Aromen man beim Weingenuss bevorzugt, bieten sich Weinproben an. Der örtliche Weinhändler und die Kellereien in den Anbaugebieten bieten regelmäßig die Möglichkeit, sich von der Qualität der angebotenen Weine zu überzeugen. Sie können aber auch einen netten Abend im Kreise der Familie und von Freunden in Form einer Weinverkostung gestalten.

Um die verschiedenen Aspekte des Weingenusses ausreichend würdigen zu können, hat sich der folgende Ablauf etabliert, der auch für die Auswahl eines Weins zu einem guten Essen im Restaurant Gültigkeit hat. Als Verkoster sollte man sich dabei mit jedem Wein einige Minuten beschäftigen.

1. Für eine Verkostung, auch Degustation genannt, wird der Wein in der Regel in tulpenförmigen Gläsern mit einem Fassungsvermögen von mindestens 25 cl

Durch das leichte Schwenken des Weines im Glas, kommt dieser mit Luft in Berührung und setzt Aromen frei.

ausgeschenkt. Damit der Wein sein ganzes Aroma auch gut entfalten kann, werden diese niemals bis zum Rand gefüllt, etwa 6 cl reichen für die eingehende Prüfung vollkommen aus.

2. Nun wird der Wein eingehend auf seine Farbe und Klarheit geprüft. Wenn das Raumlicht für eine eindeutige Beurteilung nicht ausreicht, halten Sie das Glas gegen eine Lichtquelle.

3. Für die Geruchsprobe wird das Glas an die Nase gehalten und der Duft eingesogen. Um noch mehr Aromen freizusetzen, wird das Glas geschwenkt und erneut an die Nase geführt. Dieser Vorgang wird so lange wiederholt, bis man sich ein ausreichendes Bild von Aromen und Bouquet gemacht hat.

4. Nun nippen Sie am Glas, nehmen Sie einen kleinen Schluck Wein und wiegen ihn im Mund hin und her (kauen), damit alle Bereiche der Zunge ausreichend mit Wein benetzt sind und alle Geschmacksknospen aktiviert werden.

   Indem Sie etwas Luft einsaugen (schlurfen), kann sich der Wein besser verbreiten und seine Aromen entfalten; im Restaurant sollte man auf Letzteres allerdings besser verzichten. Schlucken Sie etwas von dem Wein, denn die Eindrücke halten sich im hinteren Zungenbereich länger und sind dadurch entsprechend intensiver. Der Wein sollte nicht länger als zehn Sekunden im Mund gehalten werden.

5. Wenn Sie mehrere Weine probieren, spucken Sie den Rest in ein Gefäß und neutralisieren Sie den Gaumen mit einem Schluck Wasser und etwas Brot oder Kräckern.

6. Notieren Sie alle wichtigen Eckdaten eines Weins und machen Sie sich Notizen. Welche Aromen haben Sie wahrgenommen? Wie beurteilen Sie seine Textur? Vergeben Sie auch Noten auf einer selbst gewählten Skala. Überlegen Sie beispielsweise, wem der Wein noch schmecken und zu welchen Speisen er eventuell passen könnte. Auf diese Weise üben Sie Ihre Wahrnehmung und können diese zu einem späteren Zeitpunkt auch noch einmal überprüfen.

7. Wenn Sie selbst zur Verkostung laden, sollten Sie gut gespülte, geruchs- und schlierenfreie Gläser in der benötigten Anzahl zur Verfügung halten; ebenso wie Wasser, Wassergläser, Spukgefäße, Gebäck oder Brot sowie Papier und Stifte. Daneben sollte der Verkoster generell ein paar Dinge beherzigen, um die Sinneseindrücke bei einer Probe nicht negativ zu beeinflussen: Neben ausreichendem Tageslicht für die exakte Bewertung der Weinfarbe, sollte er für gute Belüftung sorgen, damit die vom Wein geschwängerte Luft des Raumes die Degustation nicht durch allzu intensive Nebengerüche beeinträchtigt.

Natürlich können Sie einfach nur Ihre Lieblingsweine verkosten, es macht aber auch viel Spaß, sich Weine unter einem bestimmten Aspekt zu „erobern": Vergleichen Sie etwa Riesling-Weine verschiedener deutscher Anbaugebiet und Qualitätsstufen oder stellen ihnen solche aus anderen Ländern gegenüber. Oder lassen Sie sich davon überraschen, wie unterschiedlich Merlot-Weine schmecken, wenn man die Preisklassen mischt. Ihrer Fantasie sind keine Grenzen gesetzt.

Verlassen Sie bei einer Weinverkostung also unbedingt gewohnte Pfade und lassen Sie sich überraschen. Entdeckergeist ist gefragt und wird in aller Regel auch belohnt.

Richtig servieren

Ob zu einem festlichen Anlass geöffnet, zum gemeinsamen Abendessen mit Freunden serviert oder als Begleitung zu einem guten Buch getrunken – Wein ist immer ein besonderer Genuss. Denn Wein ist so vielfältig wie verschieden, und stets ein passender Begleiter – zu fast jedem Anlass.

Doch ganz gleich, ob ein Alltagswein auf den Tisch kommt oder eine anspruchsvoller Tropfen, der schon einige Jahre gereift ist, ein erfrischender Weißer oder ein vollmundiger Roter mit Tiefgang – zum vollendeten Genuss eines jeden Weins gehören gewisse Accessoires, die es ihm erst ermöglichen, sich geschmacklich in seiner ganzen Schönheit zu präsentieren, sowie einige Grundregeln, die das Weintrinken eben zu jenem ganz besonderen Erlebnis werden lassen.

Doch was ist letztlich entscheidend für das perfekte Weinerlebnis, für den vollendeten Trinkgenuss: die Gläser, die Karaffe, der Korkenzieher, vielleicht das Thermometer – oder ist es vielleicht die Summe aller Teile?

Die Antwort auf diese Frage kann uns den Wein und seine geschmackliche Vielfalt ein ganzes Stück näher bringen, daher wollen wir ihr auf den folgenden Seiten einmal genauer auf den Grund gehen.

Wohltemperiertes Weinvergnügen

Für den optimalen Weingenuss ist die richtige Serviertemperatur von entscheidender Bedeutung. Ist ein Wein zu kalt, entfaltet er seine Aromen nicht vollständig, stattdessen treten Alkohol und Säure stärker in den Vordergrund. Wird ein Wein zu warm serviert, können Frucht und Säure nicht mehr objektiv empfunden werden, im schlimmsten Fall wirkt er dann schlicht, einfach, plump. Da sich ein Wein im Glas mit der Zeit von selbst erwärmt, wählt man daher im Zweifel lieber eine niedrigere Temperatur.

Darauf, den Wein mit Schockmethoden wie Mikrowelle oder Eisbad zu temperieren, sollte man jedoch unbedingt verzichten, da es die Qualität beeinträchtigen könnte. Ratsamer ist es, die Flaschen bei Zimmertemperatur oder im Kühlschrank langsam auf die gewünschten Grade zu bringen. Der Handel hält formschöne Thermometer bereit, mit denen sich die Temperatur genau nachprüfen lässt.

OPTIMALE TRINKTEMPERATUREN

Perl- und Schaumweine: 8–10 °C

einfache, leichte Weißweine: 10–11 °C

edle, komplexe Weißweine: 11–13 °C

Roséweine: 11–13 °C

leichte Rotweine: 13–15 °C

komplexe Rotweine: um 16 °C

Natürlich sollte die perfekte Temperatur möglichst lange konstant gehalten werden, wenn sie einmal erreicht ist. Auch dafür gibt es verschiedene Hilfsmittel. Am besten eignen sich Weinkühler oder Sektkübel aus Ton, Edelstahl oder Silber. Sie können bei bereits temperierten Weinen gute Dienste leisten. Die preisgünstigste Variante stellen Kühler aus Ton dar, die zuvor mit kaltem Wasser gewässert werden müssen und mittels Verdunstungskälte arbeiten. Sofern sie mit Kühlelementen versehen sind, können auch Gefäße aus durchsichtigem Kunststoff gute Dienste leisten, andernfalls dienen sie eher Dekorationszwecken.

Weinkühler, gleichgültig aus welchem Material, sind einfach zu reinigen, anders sieht es bei Karaffen aus. Hier gelten die gleichen Regeln wie für das Säubern von Gläsern: Spülmittel sollte nur in winzigen Dosen benutzt, und die Karaffe anschließend unbedingt gründlich mit warmem Wasser ausgespült werden. Reinigt man die Gefäße direkt nach Gebrauch, lässt sich sogar völlig auf Spülmittel verzichten. Ein sauberes, fusselfreies Tuch eignet sich am besten zum Trocknen des Gefäßes.

Vom richtigen Öffnen

Vor dem Weingenuss steht in der Regel das Entkorken der Flasche, und das beginnt mit dem Entfernen der sogenannten „Kapsel", des Kunststoff- oder Metallüberzugs über Korken und Flaschenhals. Die Kapsel sollte am Flaschenrand sauber abgetrennt werden. In der Regel reicht dazu ein kleines Messer oder die Spitze des Korkenziehers, um den Korken oder Drehverschluss freizu-

Ein junger Rosé erfrischt vor allem an heißen Sommertagen ideal. Die Serviertemperatur sollte zwischen 11 und 13 °C liegen.

legen. Während sich Glas- bzw. Schraubverschlüsse anschließend mit einem leichten Dreh öffnen lassen, benötigt man für einen Korkverschluss einen Korkenzieher. Ziehen, Hebeln, mit Luftdruck oder per Automatik: Es gibt die unterschiedlichsten Methoden bzw. Modelle und Preiskategorien, um einen Korken aus dem Flaschenhals zu entfernen. Beim Kauf sollte man unbedingt darauf achten, dass der Korkenzieher die Gestalt einer offenen Spirale besitzt, deren innere Windung groß genug ist, um ein Streichholz hindurch zustecken. Darüber hinaus sollte er eine scharfe Spitze aufweisen, die dem Lauf der Spirale folgt und nicht zentriert ist. Sie garantiert, dass sich der Korkenzieher gerade in den Korken bohrt und diesen nicht beschädigt, denn es gibt kaum etwas Unerfreulicheres, als Korkreste in Flasche oder Glas. Sollten beim Entkorken Schmutz oder Korkbrösel auf die Flaschenmündung geraten, wischt man sie mit einem Tuch vorsichtig weg, damit sie beim Eingießen nicht ins Glas gelangen.

Glaubensfrage Atmen

Das Dekantieren eines Weins dient sowohl dem Umfüllen in eine Karaffe, um ihn mit Sauerstoff in Kontakt zu bringen, als auch dem Entfernen von möglichen Depotteilchen oder Weinstein, die sich im Laufe der Jahre am Boden der Flasche angesammelt haben können. Würde man diese beim Ausschenken im Wein belassen, würde der Bodensatz beim Bewegen der Flasche aufgewirbelt und sich mit dem Wein vermischen. Dies ist allerdings einzig eine Frage der Ästhetik und beeinträchtigt nicht den Geschmack.

Beim Dekantieren sollte der Wein mit äußerster Vorsicht in die Karaffe umgefüllt und darauf geachtet werden, dass alle unerwünschten Stoffe in der Flasche bleiben. Ein sogenannter Dekantiertrichter kann sich dabei als nützlich erweisen, denn er besitzt ein feines Sieb, das verhindert, dass das Depot ins Glas laufen kann.

Zum Dekantieren stehen verschiedene Karaffen zur Auswahl: Das Gefäß für gereifte Weine ist recht schmal und erinnert von seinen Umrisse her ein wenig an eine Ente. Der Wein gelangt auf Grund dieser Form sehr langsam in den Karaffenbauch, wodurch verhindert wird, dass er zu schnell mit zu viel Luft in Kontakt tritt und möglicherweise umkippt. Für junge Weine kommen hingegen vorwiegend bauchige Karaffen zum Einsatz, die eine deutlich größere Oberfläche bieten. Beim Befüllen mit Wein wird dieser bereits im Karaffenhals verwirbelt und rasch mit vergleichsweise viel Luft angereichert.

Die Frage danach, ob ein Wein überhaupt atmen muss oder nicht, scheidet nach wie vor die Geister. Befürworter vertreten die Auffassung, durch das Atmen des Weins könne man einen jungen Tropfen schnell reifen lassen, und die verschlossenen Aromen eines alten Weins durch das Belüften preisgeben. Kritiker bemängeln hingegen den Verlust wichtiger Aromastoffe und plädieren nachhaltig dafür, dass ein Wein sich im Glas entfalten muss.

Das passende Glas

Ist der wohltemperierte Wein erst einmal geöffnet und dekantiert, muss er nur noch ins richtige Trinkgefäß, denn die Auswahl des passenden Glases spielt eine entscheidende Rolle für den optimalen Genuss. Bei der Auswahl sollte man vor allem darauf achten, dass Farbe, Duft und Geschmack des Weins perfekt zur Geltung kommen können.

Grundsätzlich sollte man farblose, durchsichtige und dünnwandige Gläser wählen. Der Stiel des Glases muss lang genug sein, damit die Hand nicht mit dem Kelch in Berührung kommt und dadurch den Wein erwärmt. Generell sollte man ein Weinglas am Stiel anfassen, um unschöne Fingerabdrücke auf dem Kelch zu vermeiden.

Vor allem bei älteren Rotweinen dient das Dekantieren, das Umfüllen des Weins in eine Karaffe, dazu, den möglichen Bodensatz (Depot) herauszufiltern.

Je größer der Glaskelch und je dünnwandiger das Glas, desto besser können Aromen und Geschmack in Erscheinung treten.

Junge Weißweine kommen am besten in schmalen Gläsern mit kleinem Volumen zur Geltung, in denen ihre zarten, frischen Aromen komprimiert an Nase, Zunge und Gaumen geleitet werden. Körperreichere Weiße mit von Natur aus milder Säure dagegen lieben bauchigere, größere Gläser, die ihnen ausreichend Platz bieten, sich zu entfalten.

Wegen der hohen Konzentration an Aromastoffen trinkt man edelsüße Dessertweine aus kleinen Gläsern. Da der Wein auf diese Weise mit jedem Schluck über die Zungenspitze geführt wird, kann die Geschmacksfülle so ideal wahrgenommen werden.

Roséweine entfalten sich am besten in mittelgroßen Gläsern, mit sich nach oben hin verjüngendem Kelch.

Schwere Rotweine kommen in einem Glas mit großem Volumen, das ihnen viel Oberfläche und somit viel Luftkontakt bietet, am besten zur Geltung, da sich darin ihre Fülle und Komplexität perfekt entfalten kann. Für tanninstarke Rote wählt man wiederum Gläser mit einem schlankeren Kelch. Er führt die Aromastoffe konzentriert zur Nase und mildert so den leicht bitteren Anfangsgeschmack etwas ab, da man den Wein als erstes über die Zungenspitze wahrnimmt. Tanninarme Rotweine bringen Frucht und Säure in kleineren und weniger bauchigen Gläsern perfekt zur Geltung.

Ganz gleich welches Glas Sie nutzen, es sollte maximal zu zwei Drittel gefüllt werden. Der Probeschluck aus dem eigenen Glas dient der Prüfung, ob der Wein fehlerfrei ist. Weitere Gläser werden erst befüllt, wenn dies der Fall ist.

Was tun mit dem Rest vom Fest?

Eine angebrochene Flasche Wein sollte innerhalb der nächsten drei Tage aufgebraucht sein. Sekt oder Champagner sogar noch früher, denn beide schmecken sehr schnell schal. Um zu verhindern, dass sich Aromen rasch verflüchtigen und Fremdgerüche eindringen, sollten Wein- und Champagnerflaschen, die nicht vollständig geleert wurden, verschlossen und gut gekühlt aufbewahrt werden. Sogenannte Vakuumpumper für Weine entfernen mithilfe eines speziellen Stopfens die Luft aus der Flasche und sollen die edlen Tropfen auf diese Weise länger frisch halten. Allerdings saugt man mit dem Sauerstoff auch Aromen aus dem Wein.

Womit man die Flasche verschließt ist letztlich immer eine Frage des Geschmacks, denn im Prinzip erfüllen alle angebotenen Varianten inklusive des Flaschenkorkens ihren eigentlichen Zweck: Sie verschließen die Flasche, können jedoch nur eine Übergangslösung sein.

Wein und Speisen

Wein und Speisen gehören unzertrennlich zueinander. Ganz gleich, ob ein festliches Büffet, ein leichtes Dinner für zwei oder ein frühlingshaftes Picknick im Freien – es gibt kaum ein Gericht oder Lebensmittel, kaum einen Anlass, zu dem nicht auch ein passender Wein gereicht werden könnte. Dabei muss der Wein nicht lediglich ein treuer Begleiter sein. Im Idealfall ergänzen sich Wein und Speisen gegenseitig und heben die Vorzüge des jeweiligen Partners hervor.

Seit sich die neue, kreative Küche durchgesetzt hat, schöpft man glücklicherweise auch in punkto Wein aus dem Vollen. Mehr denn je sind Genuss und Harmonie eine reine Geschmackssache. Vorbei die Zeiten, in denen zu weißem Fleisch ausschließlich Weißwein gereicht wurde und das Steak

Wein und Speisen gehören unzertrennlich zueinander. Allerdings sollten sie sich ergänzen und nicht gegenseitig übertrumpfen.

nur von einem Rotwein begleitet werden durfte.

Auch beim Zusammenspiel von Essen und Trinken darf folglich experimentiert werden. Dennoch sollte man für eine perfekte Kombination von Wein und Speisen einige Grundsätze beachten: Sie sollten sich beispielsweise in ihren primären Aromen ähneln. Erst wenn die Zutaten und die Zubereitungsart des Essens den Duft- und Aromastoffen des Weins entgegenkommen, hat man den passenden Tropfen gefunden.

Bevor man sich für einen Wein zum Essen entscheidet, sollte man sich also zunächst mit den Bestandteilen eines Gerichts und seiner Zubereitungsart vertraut machen. Wein und Speise sollten sich idealerweise ergänzen, ohne dass ein Teil den anderen dominiert oder gar geschmacklich überdeckt.

Die Geschmacksnerven sollten zudem im Verlauf eines Menüs beständig angeregt werden, d. h. die Reihenfolge der Weine, die von der Vorspeise bis zum Dessert gereicht werden, sollte sowohl geschmacklich als auch vom Gehalt und der Fülle der Weine eine Steigerung erfahren.

Was gut zusammenpasst

Nehmen wir zunächst die Geschmackskomponenten salzig, süß, bitter und sauer in einem Gericht genauer unter die Lupe. Hier gilt generell: Eine extrem saure Speise, eventuell mit Zitrone oder Essig zubereitet, sollte immer von einem Wein mit kräftiger Säure begleitet werden, sonst wird dieser untergehen.

Sehr salzhaltige Speisen intensivieren die Aroma- und Gerbstoffe sowie die Säure im Wein. Hier empfiehlt sich ein säurereduzierter, leicht lieblicher Weißwein oder ein trockener, aber betont fruchtiger Roter.

Wer je einen trockenen Weißwein zu einer Süßspeise probiert hat, wird festgestellt haben, dass der Wein in dieser Kombination dünn und sauer wirkt. Dasselbe Essen ergänzt durch einen Wein mit ausreichend Restsüße kann hingegen eine wunderbare Harmonie ergeben.

Süße Wein lassen sich auch hervorragend mit Speisen kombinieren, die Bitternoten enthalten, z. B. Blauschimmelkäse, da die im Wein enthaltene Süße die bitteren Komponenten des Käses abmildert. Das Empfinden von Süße wird übrigens bei kohlensäurehaltigen Weinen unterdrückt.

Wie aber steht es mit Gerichten, die sich durch intensive Röstaromen, einen hohen Fettgehalt oder starke Bitterstoffe auszeichnen? Röstaromen, die durch das Grillen von Fleisch, Fisch oder Geflügel entstehen, können durch einen Rotwein, der diese Komponenten ebenfalls enthält, eine harmonische Ergänzung erfahren.

Fetthaltige Speisen werden mit Weinen bekömmlicher, die reich an Alkohol und Gerbstoffen sind. Sie sollten nicht zuviel Säure haben, da diese die Bitterstoffe und Gewürze im Essen intensivieren kann. Alkoholreiche Weine harmonieren sehr gut mit kräftig gewürzten Speisen, es ist allerdings zu beachten, dass ein hoher Alkoholgehalt die Süße und Würze einer Speise verstärken kann.

Einkauf und Lagerung

Das Angebot an guten Weinen ist heutzutage größer denn je. Der ungeübte Weinfreund sieht sich aber schnell einer schier unüberschaubaren Vielfalt gegenüber, sodass die Wahl des richtigen Tropfens nur allzu schnell zur Qual werden kann.

Den passenden Wein zu erstehen, und diesen dann auch richtig zu lagern, ist, mit ein wenig Hintergrundwissen, allerdings gar nicht so schwer.

Glücklicherweise stehen dem Weinfreund für den Einkauf heute zahlreiche Möglichkeiten offen. Auf einem Weingut kann sich der Kunde direkt beim Erzeuger ein gutes Bild davon machen, wo die Trauben für seinen Wein gewachsen und verarbeitet worden sind. Vor dem Besuch eines Weinguts ist es allerdings immer ratsam, mit dem Winzer einen Termin zu vereinbaren. Nur so ist gewährleistet, dass er auch vor Ort ist und vor allem die entsprechende Zeit für eine Verkostung einplanen kann.

Im Fachgeschäft gehen Weinfreunde beim Einkauf ebenfalls auf Nummer sicher. Die Fachhändler sind häufig auf bestimmte Anbaugebiete oder Länder spezialisiert, kennen ihre Ware sehr genau und fachliche Betreuung wird ganz groß geschrieben.

Bei Weinversendern kann der Kunde heute quasi rund um die Uhr per Internet oder telefonisch bestellen. Sie sind über das ganze Land verstreut, und die georderten Weine sind in der Regel binnen kurzer Zeit beim Besteller. Das Einkaufserlebnis beschränkt sich hierbei jedoch auf die freudig erwartete Lieferung. Damit man nicht die Katze im Sack kauft, sollte man nach Probesendungen fragen, wenn man mit einem Sortiment nicht vertraut ist.

Auch Kaufhäuser und der Lebensmitteleinzelhandel haben in Bezug auf Wein deutlich zugelegt. Häufig findet man speziell ausgewiesene Bereiche, ähnlich einer Vinothek, mit einem guten bis sehr guten Sortiment. Vor allem große Kaufhaus-Ketten sind sich des Stellenwerts der Weine bewusst und legen Wert darauf, ihr Personal in den Lebensmittelabteilungen ausreichend zu schulen.

Was das Etikett über den Wein verrät

Der JAHRGANG weist darauf hin, wann der Wein erzeugt wurde.

Das ANBAUGEBIET wird bei deutschen Weinen obligatorisch genannt. Bei französischen, italienischen oder spanischen Weinen ist die Ursprungsbezeichnung vermerkt.

WEINORT UND LAGE sind oft verfänglich: Während sich bei deutschen Weinen die Einzellage nicht genau differenzieren lässt, entspricht sie bei französischen Weinen dem Namen des Weinbergs oder des Château (Weinguts).

Die QUALITÄTSSTUFE wird in Deutschland obligatorisch angegeben und bei Qualitätsweinen mit einer amtlichen Prüfungsnummer – A.P.Nr. – dokumentiert. Bei südeuropäischen Weinen bürgt die Appellation für die geprüfte Qualität.

Die REBSORTENANGABE ist dann nützlich, wenn die Rebsorte den Charakter des Weins bestimmt, bei Verschnitten würde diese Angabe keinen Sinn machen, da alle Sorten auf dem Etikett vermerkt werden müssten. In Deutschland ist die Nennung fakultativ.

GESCHMACKSANGABEN sind immer häufiger zu finden. In Deutschland sind sie optional, bei ausländischen Weinen finden sich Einzelheiten zum Geschmack oft auf einem zusätzlichen Rückenetikett.

Die INHALTSANGABE

Der ALKOHOLGEHALT definiert sich bei deutschen Qualitätsweinen über das Mostgewicht und weist – abhängig vom Jahrgang und der Qualitätsstufe – auf den Reifegrad der verwendeten Trauben hin.

ERZEUGER / ABFÜLLER. Aus dieser Angabe erschließt sich, ob ein Wein beim Erzeuger oder bei einem Händler auf die Flaschen gezogen wurde.

In jedem Land anders – Qualitätsbezeichnungen

Die Qualität von Weinen wird rund um den Globus durchaus unterschiedlich deklariert. In Deutschland beispielsweise gibt es vier

Die Angaben auf dem Flaschenetikett verraten meist schon eine ganze Menge über deren Inhalt. Sie richten sich dabei allerdings nach den gesetzlichen Vorschriften des jeweiligen Erzeugerlandes – und diese sind teils recht unterschiedlich.

Kategorien, wobei das Mostgewicht eine wichtige Rolle spielt. Damit kann jeder Qualitätswein nach chemischer Analyse und sachverständiger Prüfung in eine Güteklasse eingeordnet werden, die natürlich nur für den Wein eines Jahrgangs Gültigkeit hat. In den romanischen Ländern ist dagegen die Herkunft, das heißt die Lage des Weinbergs, das entscheidende Kriterium. Bestimmte Weine haben sozusagen ein Erbrecht, eben weil sie aus einer bestimmten Lage oder Region stammen. Das bedeutet aber keineswegs, dass hier keine Kontrollen oder Überprüfungen durchgeführt würden.

Deutschland

Deutscher Tafelwein kommt aus einem der deutschen Tafelweingebiete. Deutscher Landwein stammt aus einer deklarierten deutschen Region und ist immer trocken oder halbtrocken.

Qualitätswein b. A. („bestimmtes Anbaugebiet") umfasst die größte Gruppe deutscher Weine. Die Weine müssen aus einem der 13 deutschen Anbaugebiete kommen und sich wie Qualitätsweine mit Prädikat einer amtlichen Prüfung unterziehen.

Qualitätswein mit Prädikat. Die Trauben dürfen nur aus einem Bereich eines der 13 Anbaugebiete stammen. Wesentliches objektives Kriterium ist das Mostgewicht.

Die Prädikate

Kabinett bezeichnet leichte Weine aus reifen Trauben mit geringem Alkoholgehalt. Spätlese steht für reife, elegante Weine, deren Trauben etwas später gelesen werden.

Bei der **Auslese** werden die unreifen Trauben aussortiert, nur vollreife Trauben machen die Auslese zu einem edlen Tropfen.

Beerenauslesen (Weine aus edelfaulen oder überreifen Beeren) und Trockenbeerenauslesen (edelfaule, rosinenartig eingeschrumpfte Beeren) zeichnen sich durch einen intensiven Goldton und Honigaroma aus.

Eiswein ist eine Rarität. Die Trauben müssen bei mindestens -7 °C gelesen und noch gefroren gekeltert werden, nur das Fruchtkonzentrat wird gepresst.

Die Begriffe „Classic" und „Selection" sind relativ jungen Ursprungs. Sie dürfen seit dem Jahrgang 2000 bei Erfüllung gewisser Kriterien verwendet werden.

Classic-Weine werden aus einer klassischen, gebietstypischen Rebsorte hergestellt und genügen einem gehobenen Qualitätsanspruch. Sie schmecken gehaltvoll, kräftig, aromatisch und trocken.

Selections-Weine zeichnen sich durch ausgewählte Standorte, geringen Ertrag und Handlese aus. Sie sind in der Qualität höher anzusiedeln als die Classic-Weine und dürfen frühestens am 1. September des auf die Ernte folgenden Jahres in Flaschen abgefüllt werden. Der Hektarertrag wurde auf 60 hl/ha begrenzt.

Frankreich

In Frankreich unterscheidet das Weingesetz vier Kategorien, wobei die Herkunft der Weine von besonderer Bedeutung ist. Bordeaux, Burgund und Elsass haben darüber hinaus noch zusätzliche Güteklassen, die teils auch auf dem Etikett zu finden sind.

Vin de table sind einfache Tafelweine ohne genauere geographische Herkunftsbezeichnung.

Vin de Pays bezeichnet unkomplizierte Landweine, für die nur Trauben aus genau abgegrenzten Gebieten benutzt werden dürfen. Bekannt sind in erster Linie die aus dem Süden Frankreichs.

Da Wein auch während seiner Flaschenreife durch den Korken „atmet“, sollte der Lagerort stets sorgfältig gewählt werden.

Vin Délimité de Qualité Supérieure (V.D.Q.S.) bedeutet wörtlich „Wein höherer Qualität aus begrenztem Anbaugebiet“. Dahinter verbergen sich anspruchsvolle Weine, die aber aufgrund unterschiedlicher Qualität innerhalb des Anbaugebiets noch nicht den Sprung in die nächst höhere Güteklasse geschafft haben.

Appellation Contrôlée (A.C.) bzw. **Appellation d'Origine Contrôlée** (A.O.C.): Die Kategorie wird von der halbstaatlichen Organisation „Institut National des Appellations d'Origine" (I.N.A.O.) vergeben, deren Kommissare mit aller Strenge über die Begrenzung des Gebiets, die Rebsorten, die Höchstertragsmenge, das Beschneiden der Rebstöcke und die Methoden der Weinbereitung wachen.

Italien

Das italienische Weingesetz lehnt sich an das französische an, wobei das Anbaugebiet wichtiger ist als die individuelle Ausprägung und der Jahrgang. Es besteht seit 1963. Viele Winzer empfinden jedoch die gesetzlich festgelegten Qualitätsbestimmungen als Zwangsjacke. Daher verzichten respektable Erzeuger mit großen Weinen häufig auf die gesetzliche Einstufung und klassifizieren ihren Wein aus Protest innerhalb einer niedrigen Stufe.

Vino da Tavola steht für einfache Tischweine, wird jedoch oft auch als Klassifizierung für große Weine benutzt, die eigentlich einen wesentlich höheren Rang verdient hätten (siehe oben).

Indicazione Geografica Tipica benennt die Kategorie für regionale Landweine. Rebsorten, Jahrgang und Region sind auf dem Etikett vermerkt.

Denominazione di Origine Controllata (DOC) sind staatlich kontrollierte Weine aus vorgeschriebenen Traubensorten mit genau begrenzten Herkunfts- und Produktionsbedingungen.

Bei der **Denominazione di Origine Controllata e Garantita** (DOCG) erfolgt die Klassifikation erst nach einer geschmacklichen Prüfung durch einen Önologen; es handelt sich um Spitzenerzeugnisse mit genau definierten Qualitätsprüfungen.

Zusätzliche Bezeichnungen informieren über das Alter oder die Herkunft italienischer Weine:
Beim **Classico** stammt der Wein aus der besten Gegend eines Gebiets.
Mit **Riserva** bezeichnet man Weine, die über einen gesetzlich vorgeschriebenen Zeitraum hinweg (meist drei Jahre) gelagert wurden.

Spanien

Ähnlich wie in Frankreich und Italien werden auch spanische Weine klassifiziert, d. h. dass auch hier die Güteklasse nicht für einen individuellen Wein bzw. Winzer vergeben wird, sondern für ein bestimmtes Anbaugebiet, das gesetzlich kontrollierten Regeln entsprechen muss.

Die einfachste Stufe für Tafelwein ist **Vino de Mesa.**

Vino de la Tierra (VT): Die konkrete Ursprungsangabe, zum Beispiel Vino de la Tierra Extremadura oder Vinos de la Tierra de Castilla, müssen alle Landweine tragen.

Die Kategorie **Vinos des Calidad con Indicación Geográfica** (IG) umschreibt Weine aus einer genau definierten Region.

Denominación de Origen (D.O.) bezeichnet kontrollierte Weine mit Herkunftsgarantie; zurzeit sind etwas mehr als 60 Gebiete ausgewiesen.

Qualitätsbezeichnungen können sich durchaus auch auf einer Banderole um den Flaschenhals befinden. Der „Gallo Nero“ (schwarzer Hahn) beispielsweise ist ein Siegel der Winzervereinigung „Chianti Classico“, das für die Qualität des Weins bürgt.

Die Bezeichnung **Denominación de Origen Calificada** (D.O.Ca.) wird ausschließlich an Anbaugebiete vergeben, die ihre Produktion besonders streng kontrollieren. Sie ist bisher nur für die Anbaugebiete Rioja und Priorato erteilt worden.

Die neue Kategorie **Vinos de Pago** bildet die Spitze der Qualitätspyramide. Sie kennzeichnet Weine, die aus einem klar umrissenen, einzelnen Weinberg stammen, wobei das Weingut im Grundstück selber liegen oder direkt daran angrenzen muss.

Bezeichnungen wie **Crianza, Reserva** oder **Gran Reserva** informieren zusätzlich über das Alter. Sie variieren allerdings bei Rot-, Rosé- und Weißweinen.

Die richtige Lagerung

Beschäftigt man sich intensiver mit dem Thema Wein, muss man sich früher oder später auch mit der Frage nach dem richtigen Lagerort befassen, sowohl für die einfachen Alltagsweine, als auch für die besonders edlen Tropfen, die noch einige Jahre ruhen und reifen sollen. Da die Wenigsten über einen optimal geeigneten Natursteinkeller verfügen, sind sie meistens auf Garagen, Kellerräume, Treppennischen oder Abstellkammern zur Lagerung ihrer „Schätze" angewiesen. Doch das ist kein Grund zur Verzweiflung. Für fast alle Arten von Lagerstätten finden sich geeignete Systeme.

Besonders für hochwertige Tropfen sollte man einen Lagerort wählen, in dem die Temperatur dauerhaft stabil bleibt, um ein vorzeitiges Altern zu vermeiden (Jahreszeiten bedingte Schwankungen sind in Ordnung). Alltagsweine sind dagegen etwas weniger anspruchsvoll. Bis zu einem Jahr überstehen sie auch weniger optimale Gegebenheiten problemlos.

Die Luftfeuchtigkeit sollte zudem relativ konstant sein, sie hält den Korken elastisch und die Flaschen dicht. Ein Wert um 65 Prozent ist hier optimal. Zu hohe Luftfeuchtigkeit kann zwar dem Wein nichts anhaben, lässt aber Etiketten und Korken schimmeln. Zur Kontrolle der Luftfeuchtigkeit dienen Hygrometer, die Anbieter von Weinkellereinrichtungen im Sortiment führen.

Unbedingt vermeiden sollte man auch Erschütterungen und Vibrationen, wie sie beispielsweise von Waschmaschinen, Kühl- oder Gefrierschränken in unmittelbarer Nachbarschaft ausgehen, denn auch sie setzen dem Wein zu.

Vor allem bei einer längeren Lagerung guter Tropfen ist ein dunkles Lager unabdingbar, denn Licht löst unliebsame und verfrühte Alterserscheinungen aus. Lässt es sich nicht verbannen, kann der Wein auch in Kisten lagern. Weniger empfehlenswert sind Pappkartons, da sie Gerüche abgeben. Denselben Effekt haben auch Obst oder Gemüse, das in unmittelbarer Nähe lagert.

Alltagsweine

Dass Wein lebt und in der Flasche reift, gilt das vor allem für hochwertige Tropfen. Aber auch einfache Konsumweine können problemlos einige Monate lagern, werden aber mit Sicherheit im Alter nicht besser. Die meist leichten, fruchtigen Tropfen kommen in der Regel im besten Genussalter auf die Flasche und sollten möglichst griffbereit liegen, damit man sie nicht vergisst.

Weinregale für die Wohnung findet man vom einfachen Kunststoffhalter bis zum exklusiven Designermodell. In jedem Fall muss man dabei aber auf Temperierung verzichten.

Vibrationsarme Temperierschränke bieten dagegen die optimalen Lagerbedingungen. Sie funktionieren nach dem gleichen Prinzip wie ein normaler Kühlschrank, mit einem Unterschied: Sie kühlen auf Serviertemperatur herunter, sind dabei aber erschütterungsarm oder -frei. Solche Geräte finden sich in den Programmen einiger Haushalts- und Klimagerätehersteller.

Ein Wein, der auf den Markt kommt, wenn er noch nicht trinkfertig ist, braucht bestmögliche Verhältnisse zum Ausreifen. Einen solchen Tropfen gönnt man sich in der Regel nicht jeden Tag, und er verdient daher etwas mehr Hege und Pflege.

Anspruchsvolle Tropfen

Besitzt man keinen Keller oder andere geeignete Lagermöglichkeiten für einen hochwertigen Tropfen der noch seine Zeit zum Reifen braucht, bleibt die Alternative Klimaschrank, um auch in der Wohnung ideale Bedingungen zu schaffen, die eine optimale Reifung der Weine garantieren. Solche Geräte simulieren ein perfektes Raumklima und sind erschütterungsfrei. Aufgrund einer großen Auswahl an Designs findet sich für fast jede Wohnung ein geeignetes Modell. Nachteilig sind allerdings der hohe Anschaffungspreis und das begrenzte Fassungsvermögen: Die meisten Klimaschränke für den Hausgebrauch nehmen je nach Größe nur zwischen 80 und 270 Flaschen auf. Wer deutlich mehr als 200 Flaschen Wein besitzt, muss auf Profigeräte zurückgreifen.

Edlere Tropfen können aber auch ohne Klimaschrank zur vollen Reife gelangen. Im Prinzip reicht ein kleiner Raum mit konstanter Temperatur, um ein Lagersystem zu errichten. Das kann der Boden des Kleiderschranks im Schlafzimmer oder eine Nische unter der Treppe sein.

Auf Holzmodelle in Modulbauweise kann man zurückgreifen, wenn der Platz beschränkt ist und das Regal exakt eingepasst werden muss. Bei Bedarf sind diese Systeme in der Regel beliebig erweiterbar. Auch hier gibt es zahlreiche Varianten:

Das Angebot reicht vom einfachen Regal aus naturbelassenem Massivholz bis hin zu Objekten aus polierten und lackierten Hölzern. Im Handel findet man daneben auch Regalsystemen aus Stahl oder aus Naturstein, letztere mit dem Vorteil, mäßige Temperaturschwankungen für einen kurzen Zeitraum auszugleichen und Feuchtigkeit zu absorbieren.

Die meisten Natursteinregalsysteme sind in der Regel auch als Module erhältlich und können somit auch in kleinste Nischen integriert werden. Je nach Geschmack und Geldbeutel lässt sich zwischen einer Vielzahl unterschiedlichster Materialien, wie beispielsweise Kalksandstein, Tuffstein oder Steinguss wählen.

In großer Formenvielfalt findet man mobile Modelle auch aus Kunststoff, die sich sowohl beim Transport als auch bei der Lagerung bestens bewährt haben. Diese können problemlos gestapelt und an der Vorderseite zusätzlich beschriftet werden.

Lagerwein

Geld und Qualität stehen bei echten Spitzenweinen auf dem Spiel. Man sollte sich daher intensiv Gedanken über die Lagerung jener edlen Tropfen machen, die in ihrer Jugend häufig nicht gut trinkbar sind und für einige Monate oder gar Jahre ins wohltemperierte „Exil" gehören.

Natürlich gibt es spezialisierte Firmen, die den Keller zu diesem Zwecke neu ausschachten oder Gewölbe mauern, doch es geht aber auch anders. Entweder man greift auf einen Weinklimaschrank zurück bzw. auf die genannten Regalsysteme aus Holz, Edelstahl und Stein (siehe oben), oder man entscheidet sich, bei ausreichend Platzangebot, für eine Art „Klimazelle". Hierzu haben diverse Anbieter bis in den „High- End-Bereich" Ideen auf Lager, die auf die individuellen Bedürfnisse der Kunden zugeschnitten werden können: für ein Zimmer, einen Kellerraum oder aber einen einfachen Wandschrank. Voraussetzung ist, dass die entsprechende Räumlichkeit nach Außen hin mit einer Wärmedämmung isoliert ist und mit einem Klimagerät auf die geeignete Temperatur und Luftfeuchtigkeit gebracht wird.

Der Weinanbau

Der Charakter und die Qualität eines Weins werden von zahlreichen Faktoren bestimmt. Das Fundament eines guten Tropfens wird dabei naturgemäß im Weinberg gelegt: Neben den geologischen Bedingungen sind dabei vor allem Niederschlagsmengen, Sonnenscheinstunden und nicht zuletzt die Temperaturunterschiede zwischen Tag und Nacht sowie zwischen Sommer und Winter für den Reifeprozess der Trauben von Bedeutung.

Ebenso wichtig sind aber auch der menschliche Faktor, d. h. die Arbeit des Winzers, sowie spezielle regionale bzw. landestypische Traditionen des Weinanbaus.

Ein qualitätsbewusster Winzer wird einen Weinberg im optimalen Fall nur dort anlegen, wo ein perfektes Zusammenspiel von Boden, Lage und Klima besteht. Dieses Miteinander heißt in der Fachsprache „Terroir".

So hat jedes Anbaugebiet und jeder Erzeuger eine individuelle Handschrift, die dem Wein erst seine persönliche Note verleiht, ihn wiedererkennbar, und im Idealfall unverwechselbar macht.

Erst aus dem sehr komplexen Zusammenspiel all dieser verschiedenen Faktoren kann ein wirklich guter Wein entstehen.

Qualität beginnt im Weinberg

Natürlich kann ein Winzer seine Rebstöcke bis zur Weinlese nicht einfach sich selbst überlassen. Sowohl Boden als auch Rebe sind ausschlaggebend für das Potenzial des künftigen Weins und erfordern folglich eine regelmäßige und sorgfältige Behandlung. Im Weinberg werden demnach die Weichen für das gestellt, was uns später im Glas erwartet.

Gute „Erziehung"

Auch außerhalb der Wachstumszeit gibt es für den Winzer viel Arbeit, und er muss zahlreiche Entscheidungen hinsichtlich der Weinberge treffen. Eine Rebe braucht beispielsweise „Erziehung". Dieser Fachbegriff beschreibt die Art und Weise, wie eine Rebe entlang der Stützvorrichtungen ranken soll. Notwendig ist die Erziehung, um die Kletterpflanze in ihrer Wuchskraft zu bändigen. Ohne diese Drahtrahmenkonstruktionen würde der Rebstock zwar viele Früchte tragen, doch wäre deren Güte für einen Qualitätswein nicht ausreichend. Die Wahl der Erziehungsform durch den Winzer ist in der Regel abhängig von der regional vorherrschenden Weinbautradition, der Rebsorte und nicht zuletzt von der Entscheidung, ob die Trauben maschinell oder von Hand gelesen werden.

Das Erziehungssystem, die Bodenbeschaffenheit und die Ausrichtung des Weinbergs sind wiederum entscheidend dafür, wie viele Pflanzen pro Hektar gesetzt werden – die Pflanzdichte ist ebenso bedeutsam wie die Erziehung. Je dichter die einzelnen Stöcke gepflanzt sind, desto größer ist ihre Konkurrenz untereinander. Sie müssen dann sehr tief wurzeln, um genügend Nährstoffe zu tanken. Dies kann zwar zu einer deutlichen Ertragsminderung, aber auch zu einer besseren Qualität der Trauben führen.

Das Ziel qualitätsbewusster Winzer sind Trauben mit hochkonzentrierten Inhaltsstoffen. Sie sind daher bemüht, die Ertragsmengen pro Hektar auf ein Minimum zu reduzieren, um gehaltvollere Trauben und damit hochwertige Weine zu erzielen. Deshalb hegen und pflegen sie auch alte Rebstöcke wie einen kostbaren Schatz, denn hier reduziert Mutter Natur die Erntemengen von selbst. Je älter eine Rebe ist, desto weniger Trauben produziert sie, die darüber hinaus auch noch sehr klein sind.

Die Pflege der Rebstöcke

Wie viele Beeren am Stock wachsen werden, entscheidet sich bereits beim Rebschnitt im Winter. Die Schnitttechnik wiederum ist abhängig von der jeweiligen Erziehungsart und Pflanzdichte im Weinberg.

Beim Winterschnitt wird der größte Teil des alten Holzes entfernt. Je weniger Knospen am Stock zurückbleiben, desto besser sind der spätere Austrieb und die Entwicklung der jungen Triebe. Werden die Pflanzen im Winter nicht so stark zurückgeschnitten, erfolgt im Frühsommer eine stärkere Ausdünnung.

Im Sommer gilt es, überschüssiges Laub und Triebe ohne Fruchtansätze sorgfältig zu

Die Arbeit im Weinberg umfasst das ganze Jahr, bedingt durch den Wachstums- und Vegetationszyklus des Weinstocks, der Rebe.

entfernen und die Trauben tragenden Zweige aufzubinden, damit die Früchte genügend Sonne bekommen. Zu viel Laub begünstigt zudem Pilzkrankheiten wie den Echten oder Falschen Mehltau.

Im Spätsommer kann überschüssiges und unterentwickeltes Traubengut erneut weggeschnitten werden, falls es notwendig sein sollte. Kurz vor der Lese im September überprüfen die Winzer mit Hilfe eines Refraktometers regelmäßig das Reifestadium ihrer Trauben, um den richtigen Erntezeitpunkt zu ermitteln.

Für frische Weißweine mit ausgeprägter Säure startet die Ernte früher als für gehaltvollere Tropfen. Ihre Trauben hängen länger am Stock, sodass die Winzer das Risiko von schlechter Witterung in Kauf nehmen müssen. Auch die Beeren für edelsüße Weine bleiben länger hängen. Sie werden von einem Edelschimmel befallen, der ihnen Wasser entzieht und die Inhaltsstoffe konzentriert. Immer geht darum, den optimalen Zuckergehalt und Säuregehalt der Trauben abzupassen – die Grundvoraussetzung für einen guten Wein.

Beschaffenheit des Bodens

Ganz entscheidend für die Entwicklung des Rebstocks ist der Boden, auf dem er steht. Ihre ersten Lebensjahre verbringt die Rebe damit, Wurzeln zu ziehen. Die Entwicklung dieses unterirdischen Teils der Rebe ist genauso bedeutend wie die des überirdischen. Während dieser Zeit verholzt der Stamm, Trauben trägt die Pflanze noch nicht.

Obwohl Weinreben fast überall gedeihen, müssen bestimmte Voraussetzungen im Untergrund vorhanden sein, um gute Weinqualität zu erzielen. Notwendig sind in jedem Fall eine gute Durchlüftung des Bodens sowie eine geregelte Wasserführung. Zudem kann die Art der Wärmespeicherung förderlich oder hinderlich sein. So erwärmen sich beispielsweise dunkle Böden schneller und speichern die Wärme länger. Und natürlich spielt auch der Bodentyp für den Charakter des Weins eine Rolle: Auf Vulkanböden entsteht ein Wein mit feurig, gehaltvollen Charakter. Keuper oder Muschelkalk lassen kraftvoll, herzhafte Weine entstehen, Weine von Schieferböden wirken spritzig, fein rassig, und Löss- oder Lehmböden sind die Basis für einen gehaltvollen, aromareichen Tropfen.

Die Lage

Neben dem Boden ist aber auch die Sonneneinstrahlung von Bedeutung, vor allem in welchem Winkel die Sonne auf den Boden trifft. Die Sonne erwärmt bei einem optimalen Einstrahlwinkel die Böden, und deren Wärme strahlt auf die Rebstöcke ab. Ein gutes Beispiel dafür bilden die Steilhänge an der Mosel, die einen für diese Lagen optimalen Sonneneinstrahlungswinkel gewährleisten: Im Sommer glühen die Weinberge manchmal vor Hitze, und speichern im Herbst die Wärme auch dann noch, wenn es im Tal bereits lange kühl ist.

Klimatische Bedingungen

Im Gegensatz zum Boden, der sich nur alle Jahrmillionen verändert, ist das Klima eine

Ein wichtiger Faktor für den Geschmack beispielsweise des Moselweines ist die Wasserversorgung. An den steilen Hängen läuft der Regen schnell ab. Deshalb muss die Rebe tiefer wurzeln und zieht mit dem Wasser auch viele Mineralstoffe aus den tieferen Schichten.

wechselhafte Konstante, die dafür verantwortlich ist, dass der gleiche Wein aus gleicher Lage bei gleichem Ausbau in jedem Jahr anders schmeckt. In frostanfälligen Gebieten vertragen Reben Temperaturen bis –18 °C. Diese Extremwerte sind für einen Rebstock natürlich nicht der Normalfall, denn die mittlere Jahrestemperatur muss bei mindestens 9 °C liegen. Während der Blütezeit erhöht sich dieser Minimalwert auf 15 °C. Ein Spätfrost in dieser Zeit ist deshalb der Alptraum eines jeden Winzers. Während der Reifezeit sollte der Durchschnittswert knapp unter 20 °C liegen.

Keine Rebe kommt ohne Regen aus. Er sollte jedoch zur rechten Zeit kommen, und die Niederschlagsmenge muss im ausgewogenen Verhältnis zur Sonnenscheindauer stehen. In Mittelmeerländern liegt hier biswei-

Gegen eine zugige Brise, die ständig durch den Weinberg pustet und ein vorteilhaftes Mikroklima verweht, sind schützende Baumgruppen, Hecken oder Hügel ebenso bedeutsam wie die Ausrichtung der Rebzeilen

len ein Missverhältnis vor, während in gemäßigten Breitengraden ein frostiger Frühling, ein ständig bewölkter Himmel im Sommer und ein nasskalter Herbst die Vegetation der Weinstöcke durcheinanderbringen kann.

Beim sogenannten „Klein-" oder „Mikroklima" eines Weinbergs wiederholt sich im Kleinen, was die Klimabedingungen im Großen vorgeben. So sind die Ausrichtung und der Neigungswinkel des Weinbergs beispielsweise dafür verantwortlich, dass bei bewölktem Himmel so viel Licht wie möglich auf die Rebzeilen trifft. Aber auch die Bodentemperatur und die Luftfeuchtigkeit spielen eine Rolle. So werden etwa in Südtirol die Reben anders erzogen als an der Mosel. Sie wachsen verhältnismäßig hoch und bilden mit dem Laub, das an Pergolen gebunden wird, ein Dach als Schutz vor zu starker Sonneneinstrahlung. Im Weinberg bleibt es dadurch kühl und die Rebzeilen werden gut durchlüftet.

Ausbau und Reifung

Im Herbst schlägt dann die Stunde des Kellermeisters, denn nach der Lese werden die Trauben in die Keller gebracht und das Keltern, der Ausbau der Trauben zum Wein, kann beginnen.

Die Arbeiten des Kellermeisters haben sich im Laufe der Jahrhunderte natürlich wesentlich verfeinert. Vor allem die wissenschaftlichen Fortschritte der letzten Jahre und Jahrzehnte haben im Weinbau zu eindeutigen Verbesserungen der Qualität geführt.

Damit sind aber natürlich auch die Ansprüche an den Winzer gewachsen, der seine Trauben in eigener Regie zum Wein ausbaut. Man muss zwar kein Physiker und Chemiker sein, um einen guten Kellermeister abzugeben, aber einfacher ist der Beruf im Laufe der Zeit mit Sicherheit nicht geworden, und nicht umsonst sind gerade junge Winzer heute recht häufig Absolventen renommierter Hochschulen.

Der Kellermeister führt die Arbeit des Winzers im Weinberg fort, indem er die Qualität des gelieferten Traubenmaterials erhält und ansprechende Weine daraus keltert.

Wie auf den folgenden Seiten zu sehen, kann er dabei auf ganz unterschiedliche Weise vorgehen.

Von der Traube in die Flasche

Bei einer Methode werden die Trauben in der Abbeermaschine von ihren Stielen befreit, sanft abgepresst und der Most anschließend vergärt. Ein weiteres Verfahren ist das der Ganztraubenpressung. Der Kellermeister verzichtet dabei auf das Entstielen der Trauben und presst sie im Ganzen. Die Beeren werden hierbei allerdings schonend gequetscht, damit die Haut aufplatzt und der Saft heraustritt. „Maische" nennt man in der Fachsprache die dabei entstehende Mischung aus Fruchtfleisch, Beeren und Saft. Bei Weiß- und Roséweinen wird die Maische schon nach kurzer Zeit abgepresst. Beim Keltern von Rotweinen wird sie allerdings bereits vor dem Abpressen vergoren oder erwärmt.

Die Beerenhäute im Gärbehälter steigen bei der Maischegärung nach oben und werden in regelmäßigen Abständen in den Most gedrückt. Durch den permanenten Kontakt zwischen Schalen und Most lösen sich die Farb- und Gerbstoffe aus den Trauben. Der spätere Wein wird umso farbintensiver und auch tanninreicher, je höher die Gärtemperatur ist oder je länger die Maischung dauert.

Durch das Abpressen der Maische erhält der Kellermeister den Most, der in einen Gärbehälter aus Edelstahl oder Holz gepumpt wird. Hierin beginnt die Gärung. Sie wird durch Hefen in Gang gesetzt, die sich als natürlicher Bestandteil in den Trauben beziehungsweise in deren Saft befinden. Aus dem Fruchtzucker der Trauben wird bei diesem Vorgang Alkohol und Kohlensäure gebildet. Um den Gärprozess zu starten, kann der Kellermeister Reinzuchthefen zusetzen. Sie wurden speziell für die Gärung gezüchtet und werden eingesetzt, wenn die traubeneigenen Hefen nicht ausreichen.

Hitze ist bei der Produktion von Weißweinen fehl am Platze, denn dadurch verlieren sie an Aroma und Frische. Aus diesem Grund führt der Weg bei der Weißweinherstellung über die „temperaturkontrollierte Gärung", ein Verfahren, dass weltweit üblich ist. Die Gärung läuft durch diese Technik kontrolliert ab, und der überschäumende Most kann leichter im Zaum gehalten werden. Wenn der Gärvorgang nach Wochen oder Monaten beendet ist, wird der Wein sehr vorsichtig in einen anderen Behälter umgefüllt, in der Fachsprache „vom Depot abgezogen". Zurück bleibt der Bodensatz aus Hefe und festen Trübstoffen.

Um ihn haltbarer zu machen, schwefelt der Kellermeister den Wein nach dem Abstich, in den meisten Fällen. Die Schwefelung verhindert, dass ein Wein oxidiert und braun wird. Sie wirkt außerdem entkeimend, weil sie Luftsauerstoff bindet und damit unerwünschte Mikroorganismen zerstört. Die letzten verbliebenen Hefereste und winzigen Teilchen werden nach einer Weile aus dem noch leicht trüben Wein herausgefiltert. Diesen Vorgang nennt man „klären", er vollzieht sich in ein bis zwei Schritten. Bei Weiß- und Roséweinen folgt nach der Filtrierung die Zeit der Abfüllung in sterilisierte Flaschen. Bevor sie in den Verkauf gelangen, lagert der Winzer die Flaschen meist noch einige Wochen, denn von diesem Vorgang muss der Wein sich erholen.

Nach der Lese im Herbst beginnt die Arbeit des Kellermeisters, der die Trauben zum Wein ausbaut.

Einen trockenen Wein erhält man, indem der Most solange gärt, bis der Zucker sich vollständig in Alkohol umgewandelt hat. Ist eine mehr oder weniger starke Restsüße im Wein erwünscht, setzt der Kellermeister nach der Gärung unvergorenen Traubensaft zu, die sogenannte Süßreserve, oder er stoppt die Gärung. Es gibt dafür unterschiedliche Methoden.

Die gängigste ist, den Wein auf eine niedrigere Temperatur herunterzukühlen, sodass die Hefen ihre Tätigkeit einstellen. Bei einer zweiten Variante wird der Wein während der Gärung filtriert, sodass die Hefen in den Filtern hängen bleiben. Die dritte Möglichkeit besteht darin, den Wein in geschlossenen Drucktanks zu vergären. Die Kohlensäure, die dabei entsteht, kann nicht mehr entweichen. Eine weitere Gärung wird dadurch unterdrückt.

Die Fassfrage

Ein Rotwein ist mit dem Abschluss der alkoholischen Gärung noch nicht trinkreif. Bevor er abgefüllt werden kann, muss er lagern. Die Reifung findet in Fässern aus Edelstahl, Holz oder Kunststoff statt. Je nach Rebsorte und Stil des Weins kann der Kellermeister sich für die passende Ausbauart entscheiden. Diese kann von einigen Wochen bis zu mehreren Jahren in Anspruch nehmen. Währenddessen verändert und erweitert sich das Aromenspektrum des Weins mehrmals.

Kleine Eichenholzfässer, sogenannte Barriques, die 225 Liter fassen, eigen sich sehr gut zur Reifung kräftiger Rotweine. Mit der Auswahl des Holzes legt der Winzer fest, wie der Wein später schmecken soll. Das Aroma entwickelt sich ganz unterschiedlich, je nachdem, ob neue oder gebrauchte Fässer zum Einsatz kommen, woher das Eichenholz stammt und wie es geröstet, der Fachmann sagt „getoastet", wurde.

Eichenholz eignet sich am besten zur Lagerung, weil es härter ist als andere Holzarten und seine Gerbstoffe ausgesprochen gut mit den Aromen eines feinen Weins harmonieren. Das Holz der amerikanischen Eiche verleiht dem Wein ein typisches Vanillearoma und gibt ihm viel Schmelz. Französisches Holz ruft hingegen einen leicht rauchigen Ton hervor. Es gibt jedoch auch slowenische, deutsche oder ungarische Hölzer. Je nach Geschmack schwören Erzeuger auf eine Holzsorte oder verwenden Sorten parallel, um die Weine nach dem Ausbau in unterschiedlichen Hölzern zu mischen.

Bei der Reifung im Holzfass spielt neben der Aromabildung auch die Reaktion mit dem Luftsauerstoff, das Verdunsten des Weins durch das poröse Holz, eine erhebliche Rolle. Der Schwund, der auf diese Weise entsteht, wird anschließend in regelmäßigen Abständen durch neuen Wein aufgefüllt. Wie viel Flüssigkeit im Fass ist, und wie schnell sie verdunstet, hängt von der Luftfeuchtigkeit im Keller ab.

Der Ausbau in Edelstahltanks ist eine preiswerte Alternative zum Barrique. Dabei können dem Wein Eichenspäne zugegeben werden, die jedoch nur das Aroma des Holzes abgeben. Im luftdichten Tank findet allerdings kein Luftaustausch statt, und es ist daher nicht verwunderlich, dass sich unter qualitätsorientierten Erzeugern kaum Anhänger diese Variante finden.

Nicht Rot nicht Weiß

Roséweine, die als solche auf dem Etikett gekennzeichnet sind, dürfen in Europa ausschließlich aus roten Rebsorten gewonnen werden. Saft und Fruchtfleisch, die für die Farbe verantwortlich sind, bleiben vor dem Pressen nur kurz in Kontakt mit den Traubenschalen, damit der Roséwein nicht zu dunkel wird.

Auf diese Weise gelangen nur wenige Farbstoffe aus den Beerenhäuten in den Wein. Der Kellermeister verarbeitet den Most wie einen Weißwein weiter, sobald der ge-

Edelstahl, Holz oder Kunststoff – die Fassfrage scheidet die Geister. Letztlich ist es aber die Kunstfertigkeit des Kellermeisters und nicht die Art des Behältnisses, die über die Qualität eines Weines entscheidet.

wünschte Farbton erreicht ist. In den Verkauf gelangt ein rebsortenrein gekelterter Rosé unter dem Begriff Weißherbst.

Gut gemachte Roséweine können große Freude bereiten. Viele Konsumenten bevorzugen Rosé vor allem als spritzigen Sommergenuss. Er eignet sich aber ebenso gut als Begleiter für ein Essen im Restaurant, wenn man bei einem mehrgängigen Menü bei einem Wein bleiben möchte.

Rosé harmoniert zu vielen Gerichten, vom leichten Fisch bis hin zu gehaltvolleren, etwas würzigeren Fleisch- und Gemüsegerichten. Roséweine sind kräftiger als Weißweine, aber nicht so schwer wie Rote. Wenn die Winzer ihnen die volle Aufmerksamkeit gewidmet haben und die Voraussetzungen für bestes Traubengut erfüllt wurden, können Rosés erstklassig schmecken und mit viel rotem Beerenaroma und feiner Säure zeigen sie sich meist erfrischend und trocken. Am besten genießt man Roséweine gut gekühlt, von der Temperatur ähnlich einem Weißwein. Man trinkt sie, wenn sie noch jung sind, im ersten Jahr nach der Lese schmecken sie meist am besten. Natürlich bestätigen Ausnahmen auch hier die Regel: Sind die Weine säurebetont, kann man ruhig auf einen älteren Jahrgang zurückgreifen.

Prickelnder Genuss

Alle schäumenden Weine werden unter dem Oberbegriff Schaumwein zusammengefasst. Ihnen allen ist die zweite Gärung gemein, bei der die daraus resultierende Kohlensäure erhalten bleibt. Ihre Unterschiede lassen sich vor allem auf die Faktoren Rebsorten und Erzeugungsmethoden zurückführen. Dabei ist nicht jede Traube und nicht jeder Wein als Basis für einen Schaumwein geeignet. Meist handelt es sich um einen Verschnitt von Weinen verschiedener Sorten, der als Cuvée bezeichnet wird.

Die erste Gärung kann auf drei verschiedene Arten erfolgen: Bei der traditionellen Methode der Flaschengärung erfolgt die Fermentation komplett in der Flasche – es ist die teuerste, weil aufwändigste Methode, denn die Flasche muss während der Gärung immer wieder gerüttelt werden, bis sich die Hefe als Depot am Flaschenhals absetzt und anschließend entfernt, also „degorgiert" werden kann. Beim Transvasierverfahren wird der Wein zunächst in der Flasche vergoren, dann aber unter Gegendruck in einem Tank entheft. Die Großraumgärung findet in großen Druckbehältern statt.

Hinsichtlich des Geschmacks wird Sekt in andere Kategorien eingeteilt als Wein. Wer trockene Weine bevorzugt, wird beim Sekt am ehesten unter der Bezeichnung extra brut/brut fündig werden. Abhängig von der Menge des Restzuckergehalts wird ein Sekt als extra trocken, trocken, halbtrocken oder mild bezeichnet.

Auch wenn ein Sekt noch so gut ist und nach der klassischen Flaschengärung hergestellt wurde, darf er sich nicht Champagner nennen. Das ist bis heute ausschließlich den Schaumweinen gestattet, die tatsächlich aus der französischen Region Champagne kommen.

Bedeutende Rebsorten

Ein guter Wein entsteht erst durch das sehr komplexe Zusammenspiel unterschiedlichster Faktoren wie Boden, Lage, Klima und nicht zuletzt der Arbeit des Winzers und Kellermeisters. Ausgangspunkt für einen wirklich guten Tropfen ist und bleibt aber die Rebsorte. Sie bestimmt letztlich vor allem anderen den Geschmack und Charakter eines Weins.

Seit Beginn des Weinbaus vor gut 7000 Jahren sind durch Züchtungen diverser Wildformen des Weins heute weltweit etwa 8000 bis 10 000 Rebsorten bekannt. Von diesen eignet sich allerdings nur ein Bruchteil für den Qualitätsweinbau. Darunter fallen durchaus auch neue Sorten, die durch Kreuzungen und Neuzüchtungen entstanden sind.

Erstaunliche 95 Prozent der weltweiten Weinproduktion werden heutzutage von gerade einmal etwa 50 Rebsorten abgedeckt. Dass es in einzelnen Ländern Schwerpunkte beim Rebsortenanbau gibt, liegt daran, dass dort die unterschiedlichen Ansprüche der Trauben an Boden und Klima optimal erfüllt werden. Einige Rebsorten werden jedoch über den ganzen Globus verteilt angebaut.

Die Weißen

Während in Deutschland nahezu 65 Prozent der gesamten Anbaufläche weißen Traubensorten vorbehalten ist, ist das Verhältnis zwischen Rot- und Weißweinanbau in vielen anderen Weinnationen in der Regel umgekehrt.

Chardonnay

Die Chardonnay-Traube ist die wichtigste Weißweintraube im Burgund. Der körperreiche, volle Wein reift dort vorzugsweise auf Kalkböden. Sie ist relativ problemlos anzubauen und bildet die Basis für einen brillanten Champagner. Mittlerweile gehört die Chardonnay-Traube rund um den Globus ins Standardrepertoire der Winzer, in Deutschland wird sie erst seit 1991 angebaut.

Chenin blanc (Steen)

Diese Traube ergibt aufgrund ihres hohen Säuregehalts intensive, kräftige, angenehm fruchtige Weine. In Südafrika, wo sie auch als Steen bekannt ist, macht sie fast die gesamte Weißweinproduktion aus. Auch in Australien wird diese vielseitige Traubensorte angebaut, in Europa bringen die Anbaugebiete an der mittleren Loire Weine hervor, die sich mit zunehmendem Alter durch eine angenehme Süße auszeichnen.

Gewürztraminer

Der Gewürztraminer trägt seinen Namen zu Recht. Vor allem dort, wo die Traube am besten gedeiht, im Elsass, zeichnet sich der ausdrucksvolle Wein durch ein würziges, kräftiges Rosenbouquet und eine goldgelbe Farbe aus. Trotz ihres niedrigen Säuregehalts sind die Weine langlebig und verlieren auch im Alter nicht an Aromatik.

Grauburgunder

Die Rebsorte, die zu Beginn des 18. Jahrhunderts von Johann Ruland entdeckt wurde, ist auch heute noch als Ruländer bekannt. Sie bildet die Basis für einen vollen, goldgelben Wein mit betonter Süße. Im Elsass heißt die Sorte Pinot gris, in Italien Pinot grigio. Wenn die Traube trocken ausgebaut wird, läuft sie in Deutschland unter der Bezeichnung Grauburgunder; der Wein hat dann eine feinrassige Säureausprägung und einen frischen Duft.

Grüner Veltiner

So wie der Gewürztraminer mit dem Elsass in Verbindung gebracht wird, gehört der Grüne Veltliner nach Österreich. Der pfeffrig, frische, grüngoldene Wein wird vor allem in der Region zwischen der Wachau und Wien angebaut. Er kann jung getrunken werden, ist aber als Spätlese auch durchaus lagerfähig, und zeigt sich dann wesentlich extrakt- und alkoholreicher.

Müller-Thurgau (Rivaner)

Bei Müller-Thurgau handelt es sich um eine Kreuzung, die 1882 vermutlich aus der Paarung von Riesling und Madeleine royale entstanden ist. In Deutschland, vor allem in Rheinhessen, in der Pfalz sowie an Nahe und Mosel, wurde die Traube zur frühreifenden und ertragreichen Hauptsorte, aus der sich aber auch hochklassige, leichte, milde und blumige Weine mit einem zuweilen zarten Muskataroma keltern lassen.

Muskateller

Der Muskateller ist eine der ältesten Kulturreben. Besonders bekannt sind Muskateller-Weine aus Frankreich, Italien und Australien, wenngleich die Heimat der Traube allerdings in der Ägäis liegt. Traditionell wird die Traube zu süßen, gehaltvollen und bouquetreichen Weinen ausgebaut, lediglich im Elsass wird sie zu trockenen Weinen verarbeitet.

Riesling

Die Riesling-Traube gilt als klassisch deutsche Weinrebe, die hier, vor allem an der Mosel und im Rheingau angebaut, etwa 80 Prozent der gesamten europäischen Riesling-Anbaufläche ausmacht und ausgezeichnete Weine hervorbringt. Auch die Wachau und das Elsass gelten als Riesling- Hochburgen. Das feinfruchtige Aroma kann an Pfirsich und Apfel erinnern, Riesling, der auf Schieferböden angebaut wurde, hat eine mineralische Note.

Sauvignon blanc

Sauvignon blanc ergibt auf den kalkhaltigen Böden im Sancerre einen aromatischen, erdigen und leicht würzigen Wein. Weil die Traube durchaus leicht rauchige Anmutungen haben kann, wird sie auch Fumé blanc genannt. Die knackigen Sauvignon blancs aus Neuseeland sind ebenfalls weltweit bekannt.

Sémillon (Semillon)

Neben Sauvignon blanc ist deren Verschnittpartner, die goldgelbe Sémillon-Traube, die am häufigsten angebaute Weißweintraube in Bordeaux. Sie hat mittlerweile auch in der Neuen Welt Fuß gefasst und ergibt trockene oder süße Weißweine. Am bekanntesten ist sie aber als wichtiger Bestandteil eines der langlebigsten Süßweine der Welt: des französischen Sauternes.

Grauburgunder ist heute vor allem am Kaiserstuhl noch als Ruländer bekannt, benannt nach seinem Entdecker im 18. Jahrhundert, Johann Ruland.

Silvaner

Bis sie in den 1950er-Jahren von Müller-Thurgau verdrängt wurde, war Silvaner die Haupttraubensorte in Deutschland. Silvaner-Weine dokumentieren ihre Herkunft über den Charakter, der ganz unterschiedlich ausfallen kann. Normalweise sind sie leicht und mild, wenn allerdings die Erträge begrenzt werden, ergeben sich fruchtige, volle und zuweilen markante Weine. Die idealen Anbaugebiete liegen in Franken und Rheinhessen.

Im Gegensatz zu den Produkten aus den klassischen Rotweinländern des Südens sind die Rotweine, die aus in Deutschland beheimateten Rebsorten hergestellt werden, weniger kräftig und grundsätzlich verhaltener.

Weißburgunder (Pinot blanc, Pinot bianco)

Im Vergleich zum Grauburgunder zeichnen sich Weißburgunder-Weine durch weniger spürbare Säure aus und besitzen ein leicht nussiges Aroma. Sie sind blass bis hellgelb und werden in Frankreich vor allem im Elsass ausgebaut. In Deutschland wächst die Traube in erster Linie in Baden, der Pfalz und in Rheinhessen, sie ist aber auch in Italien, in Österreich und in Südtirol zu finden.

Die Roten

Aufgrund der Rebsorten, vor allem aber durch die längere Sonneneinwirkung, erreichen die Rotweine in den klassischen Weinbauländern, wie Italien, Spanien, Frankreich oder Portugal, einen höheren Alkoholgehalt als deutsche Rotweine. Was diesen jedoch an Kraft und Alkohol fehlt, gleichen sie durch einen hohen Fruchtsäureanteil wieder aus.

Brunello

Würde aus der Brunello-Traube nicht der bemerkenswerte Brunello di Montalcino zubereitet, wäre sie wohl kaum eine Erwähnung wert, denn zu gering ist ihre Verbreitung. Da der Brunello gut vier Jahre im Eichenholzfass gereift sein muss, gehört er mit zu den teuersten und, nach Meinung vieler Weinkenner, auch zu den meist überschätzen Weinen Italiens.

Cabernet Sauvignon

Diese kleinbeerige und hartschalige Traube bringt dunkle, langlebige Weine hervor, die nach jahrelanger Reifezeit ihre höchste Güte entfalten, wenn die Traube traditionell mit anderen Sorten verschnitten wird. Heimat der Rebsorte ist Bordeaux, im Médoc nimmt sie die größte Anbaufläche ein und in Übersee findet man mittlerweile sogar sortenrein ausgebaute Tropfen.

Grenache Noir (Garnacha tinta, Cannonau)

Diese widerstandsfähige Rebsorte ist an der südlichen Rhône die meistangebaute rote Traube, erfreut sich in Spanien als Garnacha tinta großer Beliebtheit und wird auf Sardinien unter der Bezeichnung Cannonau ange-

Weinberge bei Castelnuovo in der Toskana, Italien.

boten. Sie eignet sich ideal als Partner für fruchtige, jung zu trinkende Rote.

Merlot

Ohne Merlot wären die großen Weine aus dem Médoc nicht denkbar! In französischen Weinen ist ihr weiches, an Pflaumen erinnerndes Aroma ein wichtiges Element. Sie gilt als enge Verwandte des Cabernet und wird auch in der neuen Welt in kühleren Lagen angebaut: Kalifornien, Chile oder Australien bringen hervorragende Qualitätsweine hervor.

Nebbiolo

Sie gehört zu den anspruchsvollsten Rebsorten hinsichtlich des Bodens und der Lage. Neben der jahrelangen Fasslagerung hat die Nebbiolo-Traube mit ihrem dezenten Trüffel-Aroma und ihrem herben, vollen Geschmack ganz sicher dazu beigetragen, dass der Barolo und der Barbaresco aus dem Piemont für viele Konsumenten zu den beliebtesten italienischen Weinen zählen.

Sangiovese

Schon die Etrusker haben die Rebsorte vor gut 2500 Jahren kultiviert. Noch heute wird diese wenig ertragreiche und spätreifende Traube vorwiegend in der Toskana angebaut. Sie zeichnet sich durch ein herbes und säurereiches Aroma aus. Wird sie mit anderen Rebsorten kombiniert, entstehen daraus einige der frischesten, fruchtigsten und lebendigsten Weine Italiens, etwa der Chianti oder der Vino Nobile di Montepulciano. Eine Spielart ist die Sangiovese Grosso-Traube, die auch als Brunello bekannt ist. Sortenrein ausgebaut und für mindestens zwei Jahre in Eichenfässern gereift ergibt sie den Brunello di Montalcino, der zu den teuersten Weinen Italiens gehört.

Spätburgunder (Pinot noir)

Wie der Name bereits vermuten lässt, stammt diese Traube ursprünglich aus dem Burgund, wo Pinot noir einige der berühmtesten und elegantesten Rotweinkreationen hervorbringt. Sie gilt als eine der ältesten und besten Rebsorten, die trotz hoher Ansprüche an Klima und Bodenbeschaffenheit optimal für kühlere Weinbaugebiete geeignet ist. Als modern ausgebauter und für kurze Zeit in Eichenfässern gelagerter Spätburgunder von kräftiger Farbe, mit intensiveren Gerbstoffen und weniger Säureanteil gewinnt die Rebsorte in Deutschland zunehmend an Bedeutung. Die fast immer sortenrein ausgebaute Traube hat auch in Neuseeland, Oregon und den kühleren Anbaugebieten Kaliforniens erfolgreiche Erzeuger gefunden.

Syrah (Shiraz)

Auch Syrah gehört zu den ältesten roten Trauben. In Frankreich vornehmlich an der Rhône angebaut sind sie Basis für einige der bekanntesten und bedeutendsten Rotweine des Landes. Voraussetzung für den Genuss der tiefroten, gerbstoffreichen und ausdrucksvollen Weine mit ihrem Aroma von Veilchen und bittersüßen Beeren ist allerdings eine lange Reifezeit. In Australien, wo die Traube auch als Shiraz bezeichnet wird, ist sie neben Cabernet Sauvignon die meistangebaute Rotweinsorte.

Tempranillo

Die würzigen, dunklen und langlebigen Weine, die diese Traube hervorbringt, haben sie zur wichtigsten Rebsorte Spaniens aufsteigen lassen. Wörtlich übersetzt bedeutet ihr Name „kleine Frühe" (von span. temprano = früh). Sie wird sowohl sortenrein als auch im Verschnitt ausgebaut und wird ganz abhängig vom jeweiligen Anbaugebiet auch als Ull de Llebre, Tinta Roriz oder Cencibel bezeichnet.

Zinfandel

Zinfandel-Weine sind extrem vielseitig: Jung getrunken sind sie frisch und lebhaft, nach langer Lagerzeit charakterreich und vollmundig. Die unempfindliche und überwiegend in Kalifornien angebaute Traube ist dort neben Chardonnay und Cabernet Hauptsorte und hat wesentlich zum Ruf kalifornischer Spitzenweine aus Sonoma und Napa Valley beigetragen. Die Rebsorte soll auf den apulischen Primitivo zurückgehen.

Länder und Regionen

Deutschland

Der besondere Charakter deutscher Weine wird von zwei natürlichen Faktoren bestimmt: Klima und Bodenbeschaffenheit. Während in südlichen Weinländern aufgrund des jährlich kaum variierenden Klimas der Wein unterschiedlicher Jahrgänge oft einheitlich, ja fast vorhersagbar ist, haben deutsche Winzer mit den wechselhaften Klima- und Temperaturschwankungen in unseren Breitengraden zu kämpfen. Ähnliches gilt für die Beschaffenheit der Böden. Anders als in anderen Ländern, wo man gleichförmige Bodentypen in einem ganzen Anbaugebiet antrifft, findet man sie in Deutschland meist nicht einmal innerhalb einer Lage.

Es verwundert deshalb nicht, dass Deutschlands Weinanbaugebiete in Regionen liegen, die hohe Sonnenscheindauer garantieren. Meist sind sie in geschützten Tälern zu finden oder in der Nähe eines Flusses, denn dort wird das Klima temperiert und durch die Lichteinwirkung an den Hängen noch verstärkt. Zudem wird die Rebe durch Dunst und Nebel vor zu frühem Frost im Herbst oder zu spätem Frost im Frühjahr geschützt. Aus diesem Grund sind auch die genauen Herkunftsbezeichnungen auf dem Etikett für die Konsumenten interessant.

In den Herkunfts- und Qualitätsbestimmungen von 1971 werden Einzellagen als kleinste Einheiten kategorisiert, Großlagen fassen mehrere Einzellagen zusammen, und unter Bereichen werden mehrere Großlagen und Weinorte zusammengefasst. Hieraus formieren sich die 13 deutschen Anbaugebiete. Dieses System mag zunächst etwas undurchsichtig erscheinen, es garantiert jedoch, dass man den Ursprung eines Weins eindeutig zurückverfolgen kann.

Ahr

Das malerische Ahrtal, an dessen Hängen vor allem Rotweinreben ihr Zuhause gefunden haben, befindet sich zwischen Koblenz und Bonn. Mehr als die Hälfte der Rebfläche ist mit Spätburgunder besetzt, der hier eher weiche und gerbstoffärmere Kreationen mit leichtem Himbeeraroma liefert. Auf den Schiefer- und Vulkanböden der Steilhänge wächst aber auch Portugieser, der – oft als Weißherbst gekeltert – die Basis für einen gelungenen Roséwein liefert. Zu den Spezialitäten der Region zählt außerdem ein Frühburgunder.

Baden

Das Weinanbaugebiet Baden reicht von Heidelberg bis zum Bodensee und verfügt über ein weites Spektrum unterschiedlicher Bodenbeschaffenheiten, Lagen und klimatischer Bedingungen. Entsprechend vielfältig sind auch die badischen Weine: Im Norden werden fruchtige Müller-Thurgau-Weine ausgebaut, im Kraichgau und in der Ortenau gehören die Riesling- und Spätburgunder-Weine zu den besten. Auch Deutschlands sonnigste Ecken – Kaiserstuhl und Tuniberg – liefern gehaltvolle Spätburgunder-Weine. Bekannt ist auch der Gutedel aus dem Markgräflerland, ein gemütlicher, erfrischender Schoppen, der ideal zur südbadischen Küche passt.

Da die Konsumenten wieder nach mehr Qualität verlangen, ein Trend, der sich seit den 1980er-Jahren bemerkbar macht, wurden Überproduktionen abgeschafft. Die Tendenz geht heute hin zu trockenen Weinen, was unter anderem dazu führt, dass der traditionell wuchtige, fast sahnige Ruländer mit viel Restsüße nun einige Wochen früher geerntet wird, wenn der Saft der Trauben noch einen knackigen Anteil an Fruchtsäure aufweist. Entsprechend ausgebaut nennt sich das Ergebnis dann auch nicht mehr Ruländer, sondern Grauburgunder.

Franken

Wer an Frankenwein denkt, denkt automatisch an Bocksbeutel, die bauchige Flasche, in die laut Gesetz nur Wein aus Franken abgefüllt werden darf. Seine Heimat befindet sich an den südwärts gerichteten Talhängen des Mains und seiner Nebenflüsse. Hier ist das Klima für Rebsorten mit längeren Wachstumsperioden wie dem Riesling schon zu kontinental und der Muschelkalkboden – vor allem in den Großlagen des Maindreiecks um Würzburg – trägt viel zu dem kraftvollen, körperreichen Aroma der Weine bei. Silvaner heißt hier die herausragende Rebsorte, auch wenn die weicheren, blumigen Müller-Thurgau-Weine durchaus das Bild des Frankenweins abrunden. Mit ihrem traditionell herben, erdigen und herzhaften Wein waren die Franken dem Geist der Zeit voraus, als dieser in Deutschland noch von lieblichen und reichlich süßen Weinen bestimmt war.

Hessische Bergstraße

Weine von der Hessischen Bergstraße, die zwischen Neckar, Rhein und Main eingebettet liegt, tauchen vergleichsweise selten im Handel auf. Das liegt nicht an ihrer Qualität, sondern hat vielmehr damit zu tun, dass die hier produzierten Weine fast ausschließlich vor Ort getrunken werden. Nach dem Motto klein aber fein befinden sich auf ca. 440 ha Rebfläche 233 verschiedene Bodentypen – ein Fundament für eine große Variationsbreite, wobei vor allem Riesling- und Müller-Thurgau-Weine im Vordergrund stehen. Und auch klimatisch ist die Hessische Bergstraße kaum mit anderen Regionen zu vergleichen. Hier blühen im März bereits die Mandelbäume, während andernorts noch Spätfrost herrscht.

Weinliebhaber und -experten schätzen an deutschen Weinen vor allem ihre Vielseitigkeit und Variationsbreite, die attraktive und bemerkenswerte Kreationen hervorbringen und einen guten Jahrgang zum absoluten Spitzenwein machen.

Mittelrhein

Die von der UNESCO als Weltkulturerbe ausgewiesene Landschaft zwischen Bingen und Bonn ist reich an Sehenswürdigkeiten. Aller Romantik zum Trotz, bedeutet dieser enge Teil des Rheintals für die Winzer allerdings vorwiegend harte Arbeit, denn die Steilhänge erreichen an einigen Stellen einen Winkel von 60 Grad – einer der Gründe, warum die Rebfläche mittlerweile auf rund 470 Hektar geschrumpft ist. Da vor allem rassige Rieslinge mit stahliger Säure vortrefflich auf dem kargen, von Tonschiefer geprägten Boden der Region gedeihen, sehen erfolgsorientierte Erzeuger in diesen Gegebenheiten aber auch eine Möglichkeit zur Qualitätssteigerung.

Mosel

Wie an einer Perlenkette reiht sich am gewundenen Lauf der Mosel zwischen Hunsrück und Eifel ein Wein-Highlight an das andere. Es beginnt an der luxemburgischen Grenze, zieht sich bis hoch nach Koblenz und schließt die zahlreichen Orte an Saar, Ruwer und Dhron ein. Als Folge der napoleonischen Erbteilung zeugen 500 Einzellagen im größten Steillagenweinbaugebiet der Welt von der Zersplitterung, und ebenso vielfältig ist der Wein.

An der Obermosel findet man leichte, knackige und trockene Elbling-Weine, die heutzutage den Stellenwert ehrlicher, herzhafter und trockener Weißweine besitzen, früher jedoch als ungeliebtes Kind die Basis für die Sektproduktion ausmachten.

In guten Jahrgängen haben Weine von Saar und Ruwer das Zeug zu unvergleichlichen Auslesen. Hinter Trier beginnt der Herrschaftsbereich des Rieslings: die Mittelmosel. Fein, leicht, rund, duftig, elegant und weltberühmt sind die Weine, die auf den Schieferhängen lange Zeit zur Reifung haben. Oft beginnt die Lese dort erst im November. Auch an der Untermosel, wo es am wärmsten wird, findet der Riesling die besten Voraussetzungen für hervorragende Weine. Wie auch an der Mittelmosel sind die Weine hier kräftiger und erdiger. Weltberühmt sind auch die edelsüßen Weine, von denen die besten jedes Jahr auf Auktionen Höchstpreise erzielen.

Nahe

Das kleine, feine Anbaugebiet südwestlich von Mainz ist noch kaum bekannt. Erst seit einigen Jahren wird hier mit gesundem Lokalpatriotismus versucht, dem Nahe-Wein ein Image zu verleihen, das ihm in seinen besten Lagen auch entspricht. Vor allem die Riesling-Weine der mittleren Nahe gelten als ausgeglichen, rassig und so eigenwillig intensiv, wie es der mineralreiche Untergrund erwarten lässt.

Traditionell präsentieren sich die Tropfen eher in bunter Vielfalt: geschmacklich zwischen Saar und Pfalz, gebietsmäßig zwischen Rheinhessen und Rheingau und klimatisch durch den Soonwald vor dem rauen Hunsrück beschützt. Geologisch setzt sich diese Vielfalt fort. Fast alle hundert Meter ändert sich der Untergrund. Schiefer, Rotsandstein und Lehmböden sind hier genauso zu finden wie stark mineralische Quarzit- und Porphyruntergründe.

Pfalz

Die Deutsche Weinstraße schlängelt sich über ca. 80 km von Bockenheim im Norden bis nach Schweigen am Elsass im Süden. Sie liegt in einer der sonnigsten und wärmsten Gegenden Deutschlands. Der Frühling beginnt hier schon einige Wochen vor der Zeit, 10 °C beträgt die durchschnittliche Jahrestemperatur und Großlagen heißen hier Feuerberg, Kalkofen oder Mandelhöhe. Das sonnige Gebiet lässt sich in drei Bereiche unterteilen. Im Norden reicht die Unterhaardt von Zellertal bis auf die Höhe von Kallstadt; Lehmboden sowie sandiger Untergrund sind die Basis für kräftige, rustikale und unkomplizierte Schoppen. Zwischen Kallstadt und Neustadt liegt das Herzstück der Pfalz. Es ist bekannt für die besten Lagen, elegante, große und vollmundige Weine sowie einen großen Riesling-Anteil. Der Bereich der südlichen Weinstraße führt bis zur französischen Grenze. Hier werden Landschaft und Lebensgefühl noch idyllischer und die Riesling-Rebe verliert zugunsten von duftigem Müller-Thurgau, fruchtigem Spätburgunder und kräftigem Dornfelder an Bedeutung

Rheingau

Zwischen Wiesbaden und Bingen ändert der Rhein seine Richtung und fließt von Ost nach West. Das beschert den Hängen die entscheidende Sonneneinstrahlung von Süden. Die Lagen der Region gelten als die besten am Rhein. Abgesehen von einer regelrechten Rotwein-„Insel", ganz im Wes-

Die Ruine Ehrenfels bei Rüdesheim liegt am steilen Hang des Rüdesheimer Berges, der einige der besten Weinlagen Deutschlands umfasst.

ten bei Assmannshausen, tragen vier von fünf Reben im Rheingau Riesling-Trauben. Die Riesling-Weine gelten mit ihrer zarten Blumigkeit und ihrem würzigen Abgang als äußerst nobel. Rheingau-Weine mit der Kennzeichnung „Erstes Gewächs", wie man sie seit einigen Jahren finden kann, stammen aus klassifizierten „Ersten Lagen" und werden nach anspruchsvollen und strengen Regeln erzeugt. Diese Spitzengewächse zählen zu den besten der Welt – neben trockenen Kreszenzen gibt es auch spät gelesene und aromatische Süßweine.

Rheinhessen

Unterhalb der Rheinkrümmung südlich von Mainz findet sich Deutschlands größtes Weinanbaugebiet. Mit 1500 Stunden Sonnenschein und 500 Millimetern Niederschlag im Jahr ist das Risiko eines verregneten und kalten Sommers sehr gering. Rheinhessen hat die weltgrößte Rebfläche an Silvaner. Bereits seit Jahren kämpfen die Produzenten gegen das Image vom rheinhessischen Wein als Massenware und setzen auf Traditionen, die durch ertragreiche Sorten und Überproduktionen gefährdet waren.

Weinberg mit historischem Weinberghaus in Freyburg a. d. Unstrut, Zentrum des Weinanbaugebiets Saale-Unstrut.

Das Anbaugebiet selbst ist vielfältig: Im Norden, auf den Kalkböden zwischen Bingen und Mainz, wachsen kernige, erdige Weine, wobei Ingelheim für seinen körperreichen Spätburgunder bekannt ist.

Bedeutende Lagen für Spitzenweine finden sich im Osten am Rhein bei Nackenheim, Nierstein und Oppenheim. Auf den Steilhängen mit rotem Tonschiefer gedeiht ein eleganter, vorzüglicher Riesling. Wo weiter südlich Lössboden dominiert, der bis in die Wormser Gegend in fruchtbaren Schwemmboden übergeht, befand sich früher die Heimat der Liebfrauenmilch; heute darf dieser Typenwein auch aus anderen Anbaugebieten stammen. Im Wonnegau bringt der Weißburgunder die besten Weine hervor. Im Südwesten rund um Alzey sind die besten Bedingungen für gute, trockene Silvaner zu finden.

Saale-Unstrut

Es liegt nicht an der Qualität der Weine, sondern an der Quantität, wenn man von den Weinen südwestlich von Leipzig rund um

Naumburg an der Saale und Freyburg an der Unstrut bis dato wenig gehört hat, denn die Rebfläche ist klein und die Ernte fällt daher gering aus. Wie bei vielen anderen kleinen Anbaugebieten auch, heißt dies, dass man den Wein vor Ort verkosten muss, um in seinen Genuss zu kommen.

Selbst wenn das kontinentale Klima der Region grimmige Winter beschert, begünstigen die engen Flusstäler den Weinanbau. Die Basis für die milden, erdigen Weißweine bilden die Muschelkalkböden, auf denen die vorherrschenden Rebsorten Müller-Thurgau, Weißburgunder und Silvaner gedeihen. Auch die Portugieser-Traube liefert gute rote Ergebnisse.

Sachsen

In Sachsen werden die Weine trocken ausgebaut, wobei ca. 20 Prozent auf Müller-Thurgau entfallen. Die Tendenz, neu ausgewiesene oder restaurierte Weinberge mit höherwertigen Sorten wie Weiß- und Grauburgunder oder Riesling zu besetzen, ist jedoch allgegenwärtig. Ähnlich wie die Nachbarregion an Saale und Unstrut, gehört das Anbaugebiet im Tal der Elbe um Meißen und Dresden zu den kleineren Regionen, die nicht mit sechs- oder siebenstelligen Hektolitererträgen protzen können.

Wer sich fragt, ob denn so weit im Osten und im Einfluss des Kontinentalklimas überhaupt noch vernünftige Bedingungen für den Weinbau vorhanden sind, sei darauf verwiesen, dass Dresden seinen Beinamen „Elb-Florenz“ nicht umsonst trägt. Er bezieht sich nicht nur auf die architektonischen Denkmäler der Stadt, sondern auch auf das milde Klima. Selbst eiskalte Winter lassen die mittlere Jahrestemperatur nicht unter 9 °C fallen.

Württemberg

Im „Ländle“ trinkt man den Wein gern selbst, und das mag auch der Grund dafür sein, dass der Wein aus Württemberg im Ausland nur wenig bekannt ist. Hier nehmen Rot- und Roséwein traditionell eine wichtige Stellung ein. Selbst in den urbanen Regionen sind die Weinberge mit Trollinger, Lemberger, Dornfelder, Spätburgunder und Schwarzriesling besetzt. Weniger eine feinrassige und samtige Eleganz als pragmatische Unkompliziertheit charakterisiert die hiesigen Weine. Das sollte jedoch nicht darüber hinwegtäuschen, dass auch besondere Tropfen aus Württemberg kommen. Vor allem Traminer und Riesling sind eine Klasse für sich. Letzterer gehört neben Trollinger zu den meistangebauten Rebsorten in Württemberg.

Frankreich

Was den Wein betrifft, herrscht bei den französischen Nachbarn eine Vier-Klassen-Hierarchie, und die ist wesentlich unkomplizierter organisiert als das deutsche System der Klassifizierung. Für die Konsumenten ist es dadurch einfacher, einen soliden Tropfen von einem Spitzenwein zu unterscheiden. Die Gebietszuordnungen über die Appellation erscheinen auf den ersten Blick recht großzügig. Vor allem in den Regionen mit den berühmten Spitzengewächsen sind sie bis ins Kleinste kartografiert und klassifiziert. Auf diese Weise kann sich der Weingenießer sicher sein, dass er sich auf einen klassifizierten Wein einer bestimmten Region oder Lage verlassen kann, denn die Vergabe eines Qualitätsstandards unterliegt auch in Frankreich strengen und ständig kontrollierten Bedingungen.

Nicht nur wegen der Qualität seiner Weine gilt Frankreich für viele Weinliebhaber als das klassische Weinland schlechthin; auch die Lebensphilosophie, die man gemeinhin mit dem Begriff Savoir-vivre umschreibt, spielt dabei eine Rolle. Untrennbar damit verbunden ist der Genuss guter Weine, die über das gesamte Land verteilt in großen Mengen produziert werden. Im Folgenden kann lediglich nur auf die typischen Weinanbaugebiete Bezug genommen werden.

Beaujolais

Das Beaujolais, nordwestlich von Lyon, gehört zum Burgund, ist aber der einzige Teil dieses Anbaugebiets, in dem die Pinot-Noir-Rebe nicht ausgebaut wird. Die Winzer in diesem landschaftlich ausgesprochen reizvollen Teil Burgunds, in dem mehr als die Hälfte seiner Reben liegen, haben sich für eine andere rote Traube entschieden. Die Gamay-Traube prägt den Charakter der Weine dieser Region. Sie wächst auf unterschiedlichen Bodenformationen und erzeugt fruchtige Weine.

Neben den besten Weinen des Beaujolais, die vorrangig aus dem nördlichen Teil kommen, sind auch die einfacheren, aber trotzdem tiefen und vollmundigen Weine aus der südlicheren Region anerkannt. Die Weine aus 38 Gemeinden, die die Bezeichnung Beaujolais Villages tragen, gelten gemeinhin als qualitativ besser, das heißt voller und kräftiger als der einfache Beaujolais. Zwölf von ihnen können den entsprechenden Ortsnamen als Ursprungsbezeichnung (AC) verwenden.

Die Spitzenweine aus dem Beaujolais gewinnen bei einer Lagerzeit von bis zu fünf Jahren an Qualität hinzu. Beachtliche Erfolge feiert der Beaujolais jedoch alljährlich mit seinem Primeur, einem einfachen, fruchtigen und unkomplizierten Roten. Der kurzlebig und auf rasche Verkostung angelegte Wein wird jeweils am dritten Donnerstag im November zum ersten Mal ausgeschenkt, um dann innerhalb von Wochen, oder sogar nur Tagen, seinen Siegeszug um die halbe Welt anzutreten.

Bordeaux

Die Appelation Bordeaux lässt intuitiv auf elegante, herbe, füllige und unnachahmliche Rotweine schließen, im Normalfall aus einer Rezeptur verschiedener Traubensorten, in erster Linie den roten Cabernet Sauvignon und Merlot. Nirgendwo sonst wird derart viel qualitativ hochwertiger Wein produziert, werden so hohe Preise für Wein erzielt, gibt es so viele Namen, die das Herz höher schlagen lassen, wie im Département Gironde im Südwesten Frankreichs.

Erfreulich für den Konsumenten, dass man sich bei Bordeaux-Weinen im Großen und Ganzen darauf verlassen kann, dass die Qualitätseinstufung proportional zum Preis ist. So finden Bordeaux-Einsteiger beispielsweise in den Appellationen Bordeaux & Bordeaux Supérieur zugängliche Weine für jede Gelegenheit zu einem überzeugenden Preis-Leistungs-Verhältnis.

Eines der berühmtesten Weingüter von Bordeaux: das Château Cos d'Estournel.

Kompliziert wird es bei der Klassifizierung der Weine. Zwar bürgt im Klassensystem der Bordeaux-Weine jedes Château für die Qualität seiner Weine, lokale Klassifizierungen führen allerdings zu Irritationen. Im Médoc und Haut-Médoc beispielsweise (Châteaux Margaux, Lafite, Latour, Mouton-Rothschild) gibt es 60 Crus Classés, die auf einer heute noch gültigen Einstufung aus dem Jahr 1855 basieren. Daneben existieren neun Crus Bourgeois Exceptionnels, 87 Crus Bourgeois Supérieurs und 151 Crus Bourgeois.

St-Emilion hingegen verfügt über ein eigenes System mit Premiers Grands Crus Classés, Kategorie A und B und einer weiteren Einteilung von Grands Crus Classés. Dagegen nimmt sich die Einstufung in der Region Sauternes einfach aus: dem einzigen Premier Grand Cru Classés Supérieur Château d'Yquem folgen elf Premiers Crus und zwölf Deuxièmes Crus. Die Region Graves, südlich von Bordeaux, hat wiederum ein ganz eigenes System.

Alle diese Bezeichnungen sind selten auf dem Etikett zu finden, da sie von der EU nicht akzeptiert werden. Was also soll man damit anfangen, wenn man kein Weinkenner ist? Ganz einfach: Je besser der Bordeaux, desto länger muss man sich mit ihm befassen. Und das gibt ihm die Zeit, die er braucht, um zu einem wirklich großen Wein heranzureifen – manchmal auch zwanzig Jahre.

Burgund

Wenn die eleganten, leicht herben und kräftigen Bordeaux-Weine als „maskulin" gelten, verkörpern die finessenreichen, feurigen, kräftigen und reichen Rotweine aus dem Burgund eher die „feminine" Seite. Jung sind sie fruchtig und frisch, ausgereift verleiten sie zum Träumen.

Eine Hügelkette von etwa 50 km Länge, die südlich von Dijon beginnt, ist das Herzstück von Burgund: die Côte d'Or. In kaum einer anderen Gegend sind die Weinberge auf so zahlreiche Besitzer verteilt wie hier. Den nördlichen Teil bezeichnet man als die Côte de Nuits – die Heimat diverser Grands Crus und Premiers Crus. Hier ist die Rotweintraube Pinot noir Primus inter Pares zu finden. Für Spitzenweine von großer Bedeutung ist die Côte de Beaune mit ihrem Hauptort Beaune. Hier reihen sich die großen Namen wie Perlen einer Kette aneinander: Chassagne- und Puligny-Montrachet, Meursault und Volnay, wo die besten Chardonnay-Weißweine Burgunds entstehen.

Die Kenntnis des Winzers um die Qualität der Lage spielt für die Einstufung der Weinqualität eine besondere Rolle, und was dem Bordelesen das Château, ist dem Burgunder die Domaine – auch in der Region zwischen Dijon im Norden und Lyon im Süden gesellt sich zu den staatlichen AC-Bestimmungen eine Vielzahl von Klassifizierungssystemen.

Chablis

Nordwestlich von Dijon beginnt der nördliche, etwas abgelegene Teil Burgunds. In der Region rund um die Stadt Chablis herrscht ein vollkommen anderes Klima als im Rest der Region. Auch im April ist hier die Gefahr eines Früh- oder auch Spätfrostes durchaus gegeben. Chardonnay, regional auch als

Weine aus dem Elsass werden traditionell trocken ausgebaut. Dabei entstehen sowohl einfache, saftige und erschwingliche Tropfen, als auch würzige, lebendige Weine mit fester und aromatischer Persönlichkeit.

Beaunois genannt, ist die Traube, die gegen dieses Klima widerstandsfähig genug ist. Im Zusammenspiel mit dem Kalkboden prägt diese Sorte den Chablis-Wein. Er schmeckt mineralisch kühl, aber nicht hart, sondern fruchtig und ist trotz kräftiger Säure mild. Seine hellgelbe Farbe ist häufig mit einem goldenen Grünschimmer ausgestattet. Die drei entscheidenden Qualitätskategorien steigern sich vom einfachen Chablis über die Premiers Crus bis hin zu den Grand Crus. Sieben Lagen ist es vergönnt, diese Ehre auch im Namen tragen zu dürfen.

Elsass

Die an Deutschland angrenzende oberrheinische Tiefebene wird auch als „Frankreichs schönster Garten" bezeichnet. Auf einer Länge von 100 und einer Breite von vier bis fünf Kilometern wird hier Wein angebaut.

Dass das Elsass und seine Weine etwas Besonderes sind, zeigt sich bereits auf dem Etikett, denn Weine aus dem Elsass benennen die Rebsorte, aus denen sie gekeltert werden. Eine weitere Besonderheit ist die Herausstellung von 50 Grands Crus – Weine aus besten Lagen, für die besondere Produktions- und Qualitätsbestimmungen gelten. Weißweine dieser Kategorie dürfen nur aus den Rebsorten Riesling, Grauburgunder, Muscat oder Gewürztraminer gekeltert werden. Daneben spielt der Silvaner eine wichtige Rolle. Bekannt wurde das Elsass vor allem auch durch seinen Edelzwicker, einem Verschnitt aus verschiedenen Sorten.

Languedoc-Roussillion

Etwa ein Drittel des in Frankreich produzierten Weins stammt aus dem sogenannten Midi, der Region zwischen dem südlichen Rhône-Tal und der spanischen Grenze, mit den Gebieten Languedoc und Roussillon. Hier gibt es so viele ausgewiesene Vin-de-Pays-Gebiete wie in keiner anderen Region, die seit langem viele einfache, kräftige und volle Rotweine hervorbringen. Die Unmengen an Wein auch in den Norden zu transportieren war seit der Erschließung von schnellen Handelswegen ab dem 18. Jahrhundert kein Problem mehr. Erst die Konkurrenz mit anderen Weinländern, Überproduktionen und veränderte Verbrauchergewohnheiten brachten die Winzer zur Überzeugung, nicht länger auf Quantität zu setzen. Seit den 1980er-Jahren bemühen sich deshalb immer mehr Anbaugebiete zwischen Perpignan und Montpellier mit Erfolg um den Aufstieg in die französische Wein-Oberliga, und ertragreiche Traubensorten weichen ausdrucksvolleren Gewächsen.

Loire

„Französischer" als das Loiretal zwischen Orléans und Nantes kann Frankreich kaum sein. Die Vielfalt der hier produzierten Tropfen ist beachtlich, alle Weine eint jedoch, dass sie leicht und fruchtig sind. Das Klima im Westen ist ausgeglichen: Es ist nicht so warm wie im Süden und nicht so kontinental wie im Osten. So wirken die Loire-Weine insgesamt kühler und nördlicher. Dort, wo die Loire in den Atlantik mündet, liegt das Pays Nantais, die Heimat der Muscadet-Weine, leicht und mit geringer Säure. Sie ist bekannt für die besondere Harmonie mit allen Arten von Meeresfrüchten. Zwischen Angers und Saumur liegt das Anbaugebiet Anjou-Saumur. Auch wenn die Region dem lieblichen, fruchtigen Rosé-Wein seinen Namen gab, findet man hier exquisite, geschmeidige Dessertweine aus der Chenin-blanc-Traube ebenso wie Schaumweine rund um die Stadt Saumur. Westlich schließt sich die Touraine an. Auch hier reicht die Palette von unkomplizierten weißen Sauvignon-blanc-Weinen bis hin zu himbeerfruchtigen Rotweinen im Südwesten. Bekannt ist auch der Ort Vouvray. Etwas abgelegener im Westen findet man auf kalkhaltigen Böden an der oberen Loire die beiden Regionen, die für das Beste stehen, was man aus der Sauvignon-blanc-Traube gewinnen kann: erdige, rauchige Weine aus Sancerre und Pouilly mit geschmeidigem, aromareichem Duft, der an Feuerstein erinnern kann.

Provence

Ähnlich wie im Languedoc kämpften auch die Weine der weiter östlich liegenden Provence lange Zeit mit ihrem Image. Der

Ein guter Tropfen entsteht erst durch den richtigen Umgang mit dem Wein, durch das Verständnis der vielen Prozesse während der Weinbereitung, durch deren Interpretation und den daraus resultierenden Entscheidungen.

schwere Wein, der hier traditionell ausgebaut wurde, genoss außerhalb der Region nicht unbedingt den Ruf eines Spitzengewächses. Daher verwundert es auch nicht, dass auch hier mittlerweile Qualität angestrebt wird und die auf Ertrag angelegten Rebsorten wie Carignan hochklassigeren Trauben wie Syrah oder Cabernet Sauvignon weichen. Etwa 15 Prozent der Gesamtproduktion gilt dem Rotwein, 70 Prozent entfallen auf die Produktion von Rosés.

Rhône

Im Rhônetal, im Südosten Frankreichs, werden Genießer einfacher Weine ebenso fündig wie Liebhaber von Spitzenweinen, etwa dem berühmten Châteauneuf-du-Pape. Den allergrößten Teil nehmen Rotweine ein, Hauptsorte ist die Syrah-Traube, die aber durchaus mit anderen Sorten verschnitten werden darf.

Im Norden stehen zwei Gebiete für absoluten Spitzenwein. Von den Hängen der Côte Rotie stammen die tiefroten und gerbstoffreichen Weine mit ihrem blumigen und fruchtigen Bukett, das sie oft erst nach zehnjähriger Lagerzeit freigeben. Daneben finden Liebhaber im Bereich Condrieu auch einige exklusive Weißweine.

Richtung Süden schließt sich mit dem massiven Granitblock des Hermitage ein weiteres Highlight an. Hier findet man, wie im Bereich der umliegenden Gemeinden Crozes-Hermitage, einen tiefen, ausdrucksvollen, unvergleichlichen Rotwein.

Noch weiter südlich bildet das Gebiet nördlich von Avignon mit 171 Gemeinden die Appellation Côtes du Rhône. Meist handelt es sich um unkomplizierte und einfache Rot- oder Roséweine, mit denen man selten etwas falsch machen kann. Weniger berühmte, aber interessante und erschwingliche Rotweine von guter Qualität findet man auch unter der Bezeichnung Côtes du Rhône Villages.

Italien

Die Regionen, die klimatischen und geologischen Bedingungen sowie die Menschen, die den Wein produzieren und ihn trinken, sind viel zu vielfältig, als dass man von „dem" französischen oder dem „typischen" italienischen Wein sprechen könnte.

Es erscheint etwas ungerecht, im Gegensatz zu der Beschreibung der deutschen und französischen Weine, die Regionen Italiens teilweise zusammenzufassen. Diese Einteilung bedeutet nicht unbedingt eine Klassifizierung: Auch in den hier nicht erwähnten Regionen wie Ligurien, der Emilia Romagna etc. werden respektable Weine hergestellt; nur gelten sie eben nicht als die Sternstunden der Önologie, von denen Italien einige zu bieten hat.

Eine Zuordnung wird in Italien allerdings auch durch das System der Wein-Klassifizierung erschwert. Grundsätzlich ähnelt es zwar dem französischen, vielen Winzern – auch hochklassigen Erzeugern – scheint dieses Reglement allerdings zu dubios. In sympathischer italienischer Eigenwilligkeit weigern sie sich, dieses System anzuerkennen oder sich ihm gar zu unterwerfen. Infolgedessen kann ein dem Etikett nach einfacher

Inbegriff für Kunst, Kultur und (Wein-)Genuss: die Hügel der Toskana.

Das Piemont hat neben den weltberühmten Roten auch einige süffige und vorzügliche Weißweine zu bieten, die es zu entdecken gilt.

Vino da Tavola von besserer Qualität sein als ein ausgewiesenes DOC-Gewächs. Hier gilt in der Regel: Probieren geht über Studieren.

Aosta-Tal, Piemont, Lombardei

Der Nordwesten Italiens hat viel zu bieten. Das Aosta-Tal liegt im Länderdreieck Schweiz, Frankreich, Italien. In nahezu Schwindel erregenden Höhen werden hier, wo die Steilhänge den Einsatz von Maschinen oft unmöglich machen, tatsächlich noch Trauben angebaut. Wie auch im südlich davon gelegenen Piemont spielt die Nebbiolo-Traube, aus der exquisite und elegante Rotweine gekeltert werden, eine große Rolle. Zwei exquisite Tropfen machen das Piemont unsterblich: Zum einen der wuchtige, schwere Barolo aus der spätreifenden Nebbiolo-Traube, mit einem Anflug von Trüffeln und dem Duft von Pflaumen, der nach ein paar Jahren im Fass auch noch einige Jahre in der Flasche lagern kann, bis er es zu seiner berühmt strengen, morbiden Reinheit bringt. Der andere ist der etwas mildere und nicht gar so strenge Barbaresco, ebenfalls aus der Nebbiolo-Traube. Aufgrund dieser beiden strahlenden Stars am Weinhimmel wird häufig außer Acht gelassen, dass aus dem Piemont noch weitere nicht zu verachtende Weine kommen. Ein junger Dolcetto beispielsweise, der weiße, trockene Gavi aus dem Südosten der Region und natürlich nicht zu vergessen: der süße, traubige Asti Spumante, für dessen schäumende Verwandte auch die Lombardei, südlich des Gardasees, bekannt ist.

Südtirol/Trentino, Venetien, Friaul

Zwischen Bozen und Trient gibt es eine beachtliche Rebsortenvielfalt. Etwa drei Viertel der Trauben, aus denen in der nördlichsten italienischen Region Weine erzeugt werden, gehören der Rotwein-, der Rest der Weißweinproduktion. Die süßlichen, blassen Vernatsch-Rotweine, mit ihrem leicht bitteren Nachgeschmack (im Anbaugebiet heißt die Sorte Schiava), sind durch hochwertigere Sorten ergänzt worden. Die Weißweine aus der Chardonnay-Traube werden nicht nur hier, sondern in ganz Oberitalien gerne zu schäumendem Spumante verarbeitet.

Die Region zwischen Gardasee und Verona ist das Herzstück des Anbaugebiets Venetien, und drei Weine haben es geprägt: der helle, milde rote Bardolino vom Ostufer des

Zwischen Bozen und Trient gibt es eine beachtliche Rebsortenvielfalt. Zu den bekanntesten Roten zählen zweifellos Bardolino und Valpolicella, die am französischen Königshof einst als besonderer Luxus galten.

Gardasees, der fast wie ein Rosé wirkt und jung getrunken werden sollte, der kräftigere, leicht süßliche und im Abgang etwas bittere rote Valpolicella mit seinem Kirscharoma, der am besten in den Hügeln nordwestlich von Verona gedeiht, sowie der weiche, trockene und grüngoldene Soave, der seine beste Heimat zwischen Verona und Vicenza findet. Leider werden die Weine Venetiens in großen Mengen produziert und können daher nicht immer die Qualität halten, die das Etikett verspricht.

Gleiches gilt für den Pinot grigio im Friaul (oder Friuli-Venezia Giulia, wie es in Italien heißt), dem östlichsten Anbaugebiet zwischen Venetien, den Karnischen Alpen, Slowenien und der Adria. Weniger das ertragreiche Grave del Friuli als vielmehr das Collio und die Colli Orientali del Friuli zwischen

Udine und der Grenze gelten daher als beste Regionen.

Toskana

Ihren Aufstieg in den letzten Jahrzehnten hat die mittelitalienische Region vor allem immensen inländischen Investitionen und nicht zuletzt auch dem kulturbeflissenen Massentourismus zu verdanken. Noch Ende der 1960er-Jahre war aber nicht nur die Weinproduktion im Chiantigebiet am Boden zerstört. Die bastumwickelte, dickbauchige Korbflasche war lange Markenzeichen für das typische Bella Italia.

Heute gilt die Toskana vielen als Inbegriff italienischer Kultur, Geschichte und Kunst, und wer im Kern dieser Region zwischen Florenz und Siena unterwegs ist, begegnet allenthalben faszinierenden Landschaften, zauberhaften Panoramen und bedeutenden Kulturdenkmälern.

Unbestritten ist, dass es in der Toskana sehr gute Weißweine gibt. Die beiden bekanntesten sind der Vernaccia di San Gimignano, weich, süffig und von strohgelber Farbe, den schon Michelangelo zu schätzen wusste, und der Galestro, der sich inmitten der Chianti-Classico-Region wie ein Außenseiter ausnimmt.

Auch große Weine sind nicht davor gefeit, dass ihnen ein wenig an Charakter verloren geht, wenn Quantität das Maß aller Dinge ist. Für die Weißweine der Toskana mag dies eher zutreffen als für die Roten. Gerade unter letzteren findet man in der Toskana allerdings unzählige, kleine, schöne und angenehme Tropfen, die zwar nicht den gleichen Ruf genießen wie die bekannten Rotweine der Region, aber dennoch Beachtung verdient haben.

Die Region weist drei Berühmtheiten auf, die zu den wenigen italienischen Weinen mit DOCG-Status zählen. Zum einen der Chianti bzw. Chianti Classico, ein Wein, der in seiner langen Geschichte viele Höhen und Tiefen durchlaufen hat, und das liegt unter anderem an der Rezeptur. Hauptanteil ist stets die Sangiovese-Traube, gemischt mit einem Teil anderer Traubensorten, um die es lange Streit gab, denn die Auswahl reicht hier von (gesetzlichen) 30 Prozent weißer Trauben bis hin zu ausländischen Trauben wie der roten Cabernet Sauvignon. Darüber hinaus gibt es Unterschiede im Ausbau – Chianti Riserva lagert drei Jahre in Eichenfässern, die dem blumigen, duftenden und süffigen Chianti noch mehr Eleganz und Wärme verleihen.

In den hügeligen Colli Senesi etwas weiter südlich gesellen sich zu dem Chianti noch zwei edle Weine dazu. Aus dem kleinen Städtchen Montalcino kommt der Brunello di Montalcino, im Gegensatz zum Chianti ein sortenreiner Wein aus der Brunello-Traube. Sie reift spät und wird mit geringem Ertrag gelesen. Der Brunello gärt lange, bevor er für Jahre in toskanische Fässer verbannt wird. Das Resultat: ein extremer, tannin- und gerbstoffreicher, wuchtiger Wein.

Rund 20 km weiter östlich liegt der Geburtsort des dritten großen Rotweins der Toskana: Vino Nobile di Montepulciano. Die zwei Jahre im Fass machen ihn weicher (und erschwinglicher) als einen Barolo. Als Riserva

Wenngleich in der Toskana die Roten dominieren, gibt es doch auch eine ganz Reihe vorzüglicher Weißweine, wie beispielsweise den Vernaccia di San Gimignano, den schon Michelangelo zu schätzen wusste.

muss er drei Jahre ins Fass, um seine Härte gegen Sanftheit und Wärme einzutauschen.

Der Süden

In den südlichen Landesteilen wird der Wein zwar nicht von berühmten Namen beherrscht, aber es existieren zahlreiche unterschiedliche Traubensorten. Viele davon sind griechischen Ursprungs (z. B. Aglianico), was belegt, dass es sich um eine der ältesten Weinregionen der Welt handelt. Die Anbaugebiete befinden sich in Sardinien, Kampanien, Apulien, der Basilicata, Kalabrien und Sizilien, wo es viele ordentliche bis sehr

Der Erfolg der Navarra-Weine basiert auf der günstigen Lage zwischen Spanien und Frankreich und an der Pilgerstraße nach Santiago de Compostela. Schon die Römer haben in Navarra Wein angebaut.

gute Weine gibt. In der Vergangenheit handelte es sich in erster Linie um hochkonzentrierte, alkoholreiche und schwere Tropfen, die beste Voraussetzungen für Dessertweine boten, wie man sie nach wie vor etwa in Sizilien mit dem Marsala oder in Sardinien mit dem Vernaccia findet.

Heute ist die Stilistik jedoch vielfältiger. In den letzten Jahren sind Winzer und Investoren auf das enorme Potenzial der Regionen aufmerksam geworden und haben die Qualitäten der Weine aus heimischen und internationalen Sorten weiter vorangetrieben. Viele im internationalen Stil bereitete Weine übernahmen dabei eine Vorreiterrolle und konnten sich durch ihre technische Perfektion durchsetzen. Mittlerweile ziehen in Süditaliens Anbauregionen auch die Weine aus heimischen Rebsorten immer mehr Aufmerksamkeit auf sich. Nicht wenige von ihnen wurden bereits mit hohen Auszeichnungen bedacht.

Spanien

Nach dem Umfang seiner Rebfläche ist Spanien das größte Weinbauland der Erde. Gemessen an der Menge des produzierten Weins, steht es jedoch nur an dritter Stelle, hinter Italien und Frankreich. Unzweifelhaft gilt der Rioja immer noch als Inbegriff spanischen Weins, wenn sich auch mittlerweile einige an seine Fersen geheftet und manche ihn sogar überholt haben. Seine Sonderstellung wird auch dadurch dokumentiert, dass er neben dem Priorato als einziger spanischer Wein den Status eines D.O.Ca.-Weins innehat.

Doch es wäre schon seltsam, wenn man in dem von der Sonne verwöhnten Land, mit seinen riesigen Anbauflächen, nicht auch noch andere Weine fände, die zu trinken sich wirklich lohnen würde. Wer in Spanien unterwegs ist, wird schnell feststellen, dass auch die einfachen Tischweine außerhalb der klassifizierten Anbaugebiete ehrliche, ungekünstelte und authentische Tropfen sein können, die den Stil, das Lebensgefühl und die Landschaft der Region widerspiegeln. Überzeugen kann man sich davon in den über 60 ausgewiesenen D.O.-Gebieten.

Penedès

Die Region Katalonien ist, was den Wein angeht, beherrscht von den Namen großer Schaumweinhersteller wie Codorníu und Freixenet, jedoch bietet das milde und zuverlässige Klima auch vielfältige Möglichkeiten zum Ausbau von Stillweinen. Die müssen nicht unbedingt aus den traditionellen spanischen Traubensorten hergestellt sein wie Macabeo und Xarel-lo, die für die Cava-Produktion unumgänglich sind. Experimentierfreudige Winzer produzieren hier einige der interessantesten Rotweine Spaniens.

Selbst wenn die Bodenbeschaffenheit (vor allem Kalkstein) auffallend ähnlich ist, bieten die unterschiedlichen Höhenlagen von der Küste bis zur Meseta die Basis für verschiedene sowohl weiße als auch rote und sogar französische Rebsorten.

Die Weine an dem Küstenstreifen zwischen Barcelona und Tarragona südlich der französischen Grenze als spanisch zu bezeichnen, ist allerdings fast schon eine Freveltat, denn schließlich befindet man sich hier nicht in Spanien, sondern in Cataluña.

Navarra

Für Rotwein-Erzeuger in Navarra, das direkt an das Rioja-Gebiet im Norden Spaniens grenzt, gilt mehr noch als für die restlichen Anbaugebiete Spaniens: Sie müssen sich immer den Vergleich mit dem Rioja gefallen lassen. Wohl auch deshalb, weil die Reben weitgehend die gleichen sind. Garnacha und Tempranillo sind die Hauptsorten, Cabernet Sauvignon und Merlot gesellen sich mittlerweile an ihre Seite.

Navarras eichenfassgelagerte Reservas und Crianzas können es mit ihrer samtigen Fülle und Eleganz durchaus mit denen aus der Rioja Alta aufnehmen, aber die Winzer scheuen sich auch nicht, mit dem Vino Jovén einen frischen, lebendigen und fruchtigen Rosado (Rosé) oder Tinto (Rotwein) zu produzieren, der dem ausgiebigen Bedürfnis nach jugendlichen und anregenden Tropfen nachkommt.

Priorato

Neben der Rioja wurde dem westlich der Stadt Tarragona gelegenen Anbaugebiet bisher als einziger spanischen Region der D.O.Ca-Status verliehen. In den 1990er-Jahren hat sie einen enormen Aufschwung erlebt und bringt seitdem einige der interessantesten und teuersten Weine Spaniens hervor. Die vormals üblichen, rustikalen Weine aus der Cariñena-Traube wurden abgelöst durch moderne Vertreter, die international für Furore sorgten. Neben Cariñena finden sich Garnacha, Cabernet Sauvignon, Syrah und Merlot im Rebsortenspiegel. Die steilen und kühlen Lagen sowie der dunkelbraune Schieferboden sorgen für den mineralischen Charakter der Weine.

Rioja

Ihren Namen verdankt diese Region dem kleinen Rio Oja. Ihr kalk- und eisenhaltiger Boden, ein Gemisch von Lehm und Schwemmsand des Ebro, bildet zusammen mit den langen Frühlings- und Herbstzeiten und ohne die typischen dürren spanischen Sommermonate die Basis für den klassischen Rioja. Dabei ist das Rioja-Gebiet in Nordspanien alles andere als einheitlich. Zwischen der schützenden Sierra de Cantabria und dem Ebro reichen die höher gelegenen Gebiete der Rioja Alavesa bis zu 600 Meter Höhe. Auf ihren kalkhaltigen Hanglagen gedeiht die Tempranillo-Traube besonders gut. Helle, leichte, duftige und würzige Rotweine sind ihr Markenzeichen.

Die Rioja Baja ist von ganz anderer Statur. Die Böden hier sind schwerer, die Sommer wärmer und trockener; beste Voraussetzungen für die Rebsorte Garnacha, die für sich alleine einen herben, starken, aber blassen Rotwein ergäbe, hätte man nicht in der Rioja Alta eine besondere Rezeptur entwickelt, sie mit Tempranillo zu dem Tropfen zu verschneiden, der die besten Rioja-Weine hervorbringt. Es spricht für die Qualität der Weine dieser Region, dass auch die Roten „sin crianza", also Weine, die weniger als zwölf Monate im Fass lagern, von fruchtiger Frische sind und dennoch ihre Herkunft nicht verleugnen können.

Erst im vierten Jahr nach der Lese dürfen Reservas vermarktet werden. Bis dahin müssen sie drei Jahre reifen und mindestens eines davon im Fass verbringen. Beim Gran Reserva sind die Ansprüche noch höher: Erst nach zwei Jahren im Eichenfass und drei Jahren in der Flasche wird der Wein aus der „Kinderstube" entlassen. Was im Bordelais die 225 Liter fassenden Barriques aus Eichenholz sind, heißt in der Rioja Barricas – gleiche Größe, gleiches Holz. Wie in Bordeaux unterliegt der Rioja strengen Kontrollen, auch was die Erntemenge angeht. Kein Wunder also, dass er der erste spanische Wein war, dem die Ehre zuteil wurde, sich über den D.O.-Status zu erheben, und dem ein zusätzliches Ca. für „calificada" verliehen wurde.

Ribera del duero, Rueda

Das bedeutendste Anbaugebiet der Region Castilla y León liegt östlich der Stadt Valladolid an den Ufern des Duero-Flusses. Was die Qualität betrifft, ist die Ribera zum großen

Ein guter Tropfen entsteht erst durch das sehr komplexe Zusammenspiel unterschiedlichster Faktoren wie Boden, Lage, Klima und nicht zuletzt der Arbeit des Winzers und Kellermeisters.

Herausforderer der Rioja geworden. Angebaut wird in erster Linie die Sorte Tempranillo, die wohl beste Rotwein-Traube Spaniens, die dort Tinto fino oder Tinto del país heißt. Sie ist verantwortlich für die eleganten und vorzüglichen Rotweine der berühmten Bodega Vega Sicilia. Wie so oft im Weinbau hat hier ein einziger großer, erfolgreicher Name eine ganze Region in ihrer Entwicklung beeinflusst. Die Höhenlage der Weinberge von bis zu 900 Meter ist dafür sicherlich genauso verantwortlich, wie der Fluss Duero. Hinter der spanischen Grenze im Westen heißt er Douro, und dort bringt er in seinem Einzugsgebiet die besten portugiesischen Weine hervor.

Lange in Vergessenheit geraten, befindet sich die Weißwein-„Insel" um die Stadt Rueda heute wieder im Aufstieg. Das gleichnamige Anbaugebiet ist geprägt von der weißen Verdejo-Traube, seinen extremen Sommer- und Wintertemperaturen und den kalkhaltigen Schlemmböden der Hochebene. Diese Faktoren ergeben einen frischen, würzigen Wein mit fruchtiger Säure, den man jung trinken kann, der sich aber auch für die Reifung im Fass eignet. Er nennt sich Rueda Superior und besteht zu mindestens zwei Dritteln aus der Verdejo-Traube. Den Rest teilen Viura und Sauvignon unter sich auf.

Weitere Weinbauregionen

Jeder Wein trägt das Zeugnis seiner Herkunft in sich, denn zu wichtig sind die Wahl der Rebsorte sowie klimatische und geologische Bedingungen für die Ausprägung eines guten Tropfens. Dass enge Beziehungen zwischen den traditionellen Weinländern Europas bestehen, ist kein Geheimnis. Erwähnenswert ist in diesem Zusammenhang, dass Weinreben selbst in Gegenden dieser Erde gedeihen, die uns im Zusammenhang mit Weinanbau eher exotisch erscheinen – auch in Japan, China oder Aserbeidschan werden respektable Ergebnisse hervorgebracht.

In anderen Ländern mit anderen Traditionen entstehen auch andere Weine. Aus Platzgründen müssen Anbaugebiete in Osteuropa oder Nordafrika aber ungenannt bleiben, und selbst traditionsreiche Länder wie Griechenland können nur eine kurze Erwähnung finden. Anbieter aus diesen Regionen lassen in den letzten Jahren immer wieder mit positiven Schlagzeilen aufhorchen, und deshalb sollten sich Konsumenten keineswegs davon abhalten lassen, auch diese Weine bei Gelegenheit zu degustieren und sich überraschen zu lassen.

Australien und Neuseeland

Australien ist einer der weltweit größten Weinproduzenten, und einige australische Weine sind weltberühmt wie z. B. der „Grange" von Penfolds. Der erste Jahrgang dieses Shiraz entstand 1951, und er zählt noch heute zu den teuersten Weinen des Landes.

Die meisten Rebflächen liegen im fruchtbaren Süden, in den Staaten New South Wales und South Australia, da es in den meisten anderen Regionen viel zu heiß und zu trocken ist. Eine lange Tradition haben hier Verschnittweine, sogenannte Blends. Ambitionierte Winzer setzen jedoch verstärkt auf rebsortenreine Weine. Angebaut wird vor allem die Rebsorten Shiraz, Cabernet Sauvignon und Merlot, bei den Weißweinen führt Chardonnay die Favoritenliste an. Die australischen Weine zeichnen sich durch leichte Zugänglichkeit bei hervorragender Qualität aus.

Auch Neuseeland sorgt seit einigen Jahren in Europa zunehmend für Furore. Klima und Böden bieten beste Voraussetzungen für Chardonnay und andere internationale Rebsorten. Aus dem kleinsten Weinerzeugerland der Welt konnten sich aber vor allem Sauvignon blancs und Pinot noirs etablieren.

Chile und Argentinien

Der Aufstieg Chiles zu einem angesehen Erzeuger von Qualitätsweinen gründet sich auf Cabernet Sauvignon, Merlot, Sauvignon blanc und Chardonnay. Ausländische Investoren erkannten das Potenzial, und so fanden traditionsreiche europäische Weingüter wie Château Lafite, Château Margeaux und

Weinanbau am Fuße der Anden, westlich der argentinischen Stadt Tupungato. Seit der Zeit der spanischen Konquistadoren im 16. Jahrhundert wird in Argentinien Wein angebaut.

Torres den Weg in den Andenstaat. Heute werden hier qualitativ hochwertige Weine für den Weltmarkt produziert.

Argentiniens Rebfläche erstreckt sich über ca. 1800 km, beginnend im Norden südlich von Salta bis in den Süden, in die Provinz Rio Negro. Der wärmere Norden eignet sich eher für Rotwein. Neben den heimischen Sorten Criolla, Torrontes und Palomino sind hier auch Malbec, Syrah und Sangiovese zu finden. Zu den wichtigsten Weißen gehören Semillon, Chenin blanc, Ugni blanc und Chardonnay. Sie werden in erster Linie im Süden angebaut, wo kühlere Temperaturen vorherrschen.

Griechenland

Griechischer Wein wird häufig gleichgesetzt mit Retsina, einem weißen, trockenen Tafelwein, der mit Harz versetzt wird und dadurch ein spezielles Aroma erhält. Selbst in steinalten Amphoren fand man Spuren vom Harz der Aleppo-Kiefer, der dem Retsina früher aus Gründen der Konservierung zugesetzt wurde. Griechische Winzer versuchen seit längerem dem Ruf zu entfliehen, nur Retsina, süßen Samoswein oder lieblichen Rotwein keltern zu können, und erzeugen heute in der Mehrzahl trockene Weine. Mit Erfolg, denn mittlerweile macht Griechenland mit seinen einheimischen Sorten auch international von sich reden. Bekannt ist vor allem der Demestica, ein Verschnitt aus unterschiedlichen Rebsorten und ein meist zuverlässiger Weiß- oder Rotwein.

Mehr als die Hälfte des griechischen Weinbaugebiets liegt auf dem Peleponnes. Der Wein der griechischen Inseln, von denen Kreta der größte Erzeuger ist, wird meist an Ort und Stelle getrunken.

Kalifornien

Seit den 1970er-Jahren zählt Kalifornien zu den weltweit führenden Weinbaugebieten, und in den USA selbst hat der Weinbau an der Westküste den Löwenanteil an der amerikanischen Gesamtproduktion. Die wesentlichen Anbaugebiete liegen zwischen der Küste und der Sierra Nevada mit San Francisco als Mittelpunkt.

Der Erfolg der kalifornischen Weine auf dem amerikanischen und dem Weltmarkt hat verschiedene Gründe. Er geht zum einen auf die klimatischen und geografischen Bedingungen zurück, zum anderen aber auch darauf, dass in kaum einer Region die Verbindung zwischen Rebsorte und Markenname so Konsum fördernd war wie in Kalifornien.

Österreich

Österreich ist ein kleines aber feines Weinbauland. Die Bundesländer Niederösterreich, Burgenland und Steiermark sind als eigenständige Anbaugebiete definiert, darüber hinaus existieren noch weitere 16 Regionen im Osten des Landes, in denen Wein angebaut wird. Auf dem Großteil (ca. 75 Prozent) der Anbaufläche sind Weißweinsorten angepflanzt. Entlang der Donau gedeiht neben vielen anderen, vor allem die Hauptsorte Grüner Veltliner – mal als einfacher Schoppenwein, mal als edles Tröpfchen, so z. B. in der Wachau, die auch für ihren Riesling berühmt ist. Den jungen Wein der letzten Ernte genießt man am besten beim Heurigen.

Portugal

Portugiesische Winzer konzentrieren sich vor allem auf ihre heimischen Rebsorten, die ihren Weinen einen unverwechselbaren Charakter verleihen. Mit der Einteilung in kontrollierte Anbaugebiete (D.O.C., Denominação de Origem Controlada), von denen Bairrada, Minho, Dão und Douro die bekanntesten sind, folgt Portugal seinen Nachbarländern. Das Land gehört zu den derzeit interessantesten Weinanbaugebieten. Mit dem Beitritt zur EU 1986 wurde der Anstoß zum Wandel gegeben und vielerorts in moderne Kellertechnik investiert. Heute sind häufig Ausnahmetropfen anzutreffen – lange gelagerte Spitzenweine, die als Garrafeira bezeichnet werden – und stets findet man einen ehrlichen, robusten, ein wenig erdigen und herben Wein. Als Exportschlager galt lange Zeit der Vinho Verde, wobei der Namensbestandteil Verde (grün) nicht die Farbe, sondern den frühen Zeitpunkt der Lese und die Kürze der Gärzeit beschreibt. Auf diese Weise entsteht ein Tropfen, der auch rot sein kann, mit wenig Alkohol, viel Säure und einem hohen Anteil an Kohlensäure, der besonders an heißen Tagen sehr erfrischt. Der leichte Wein kommt aus dem kühlen atlantischen Klima der nördlichen Küstengegend, während im Landesinneren tanninreiche Rot- und Portweine vorherrschen.

Schweiz

Mit seinen rund 15 000 Hektar Rebfläche ist das kleine Alpenland auch ein kleines Weinland. Die Anbaugebiete sind über die gesamte Schweiz verteilt und liegen in klimatisch begünstigten Regionen, teilweise bis in Höhen von 1200 Meter. Zu den wichtigsten Traubensorten gehören unter anderem Chasselas (Fendant), Gutedel, Blauer Spätburgunder, Müller Thurgau und Sylvaner. Die Herkunftsbezeichnungen entsprechen den Kantonsnamen.

Inmitten von Weinbergen gelegen: Schloss Aigle, im Schweizer Kanton Waadt.

Südafrika

Mit dem Ende der Apartheid ging auch im Weinbau ein Ruck durch das Land, was sich unter anderem an den Strukturen der Genossenschaften und der Vermarktung zeigt. Die traditionell schweren Rotweine wurden ergänzt durch frische, lebendige und säurebetonte Weiße, die mittlerweile 75 Prozent der Rebsorten ausmachen. Auf mehr als einem Viertel der gesamten Fläche wird Steen oder Chenin blanc angebaut. Die am häufigsten kultivierte rote Rebsorte und einzige einheimische Traube ist Pinotage, eine Kreuzung aus Pinot noir und Cinsault.

Die Klimabedingungen zwischen dem Atlantik und dem Indischen Ozean sind optimal, wenn auch gelegentlich zu heiß. Obwohl der Weinbau deshalb nur in der Provinz Westkap betrieben wird, in der südwestlichen Ecke Südafrikas, wo mediterranes Klima vorherrscht, gehört das Land heute zu den zehn größten Weinerzeugernationen weltweit, deren Exportvolumen nach der Aufhebung der Sanktionen extrem gestiegen ist.

Kleines ABC der Weinkunde

Abbeeren *(siehe auch Entrappen)*
Das Entfernen der Stiele vor der Gärung.

Abgang
Der nach dem Schlucken des Weins wahrnehmbare Nachgeschmack. Ein guter Abgang ist ein wesentliches Qualitätsmerkmal eines Spitzenprodukts.

Adstringierend
Pelziges, durch einen hohen Tanningehalt ausgelöstes Gefühl auf der Zunge.

Alkohol
Eine der Hauptkomponenten des Weins, die ihm Körper und Rückgrat geben. Im Laufe der Gärung wird der Zucker ganz oder teilweise in Alkohol verwandelt. Der Alkoholgehalt variiert je nach Süße und Art des Weins zwischen sieben und 25 Prozent.

Ampelografie
Lehre von den Rebsorten.

Anreichern *(siehe auch Aufbessern, Chaptalisierung)*
Zugabe von Zucker zur Erhöhung des Alkoholgehalts. Geschieht vor der Gärung und ist nicht in jedem Land erlaubt.

Appellation
Gesetzlich geregelte Ursprungsbezeichnung für Qualitätsweine.

Appellation d'Origine contrôlée (A.O.C.) bzw. **Appellation contrôlée (A.C.)**
Kontrollierte Herkunftsbezeichnung französischer Weine.

Aroma
Sämtliche Stoffe, die dem Wein sein typisches Duft- und Geschmacksbild verleihen.

Assemblage *(siehe auch Cuvée, Verschnitt)*
Mischung von Trauben oder Weinen unterschiedlicher Sorten mit dem Ziel, die positiven Eigenschaften der einzelnen Verschnittpartner hervorzuheben.

Aufbessern *(siehe auch Anreichern, Chaptalisierung)*
Zugabe von Zucker zur Erhöhung des Alkoholgehalts. Geschieht vor der Gärung und ist nicht in jedem Land erlaubt.

Aufspriten *(siehe auch Verstärken)*
Verstärken des Mosts mit Alkohol, um die Gärung zu stoppen und den Alkoholgehalt der Weine zu erhöhen. Vor allem gängig bei Portwein, Sherry, Madeira.

Ausbau
Bezeichnet sämtliche Arbeiten im Weinkeller von der Gärung bis zur Füllung auf die Flasche.

Barrique
Eichenfass mit einer Fassungsmenge von 225 Liter, das zum Ausbau von Rotweinen sowie zur Gärung und zum Ausbau von Weißweinen dient.

Biologischer Säureabbau
Auch malolaktische Gärung genannt. Umwandlung von Apfelsäure in Milchsäure durch Milchsäurebakterien mit dem Ziel, den Säuregehalt des Weins zu verringern.

Biologischer Weinbau
Weinbau unter Verzicht auf Kunstdünger und so genannte Pflanzenschutzmittel.

Blindverkostung
Weinprobe mit verdeckten Flaschen.

Bocksbeutel
Bauchige Flaschenform, die fränkischen Qualitätsweinen und portugiesischen Weinen vorbehalten ist.

Böckser
Fehlton, der bei der Gärung entsteht. Erinnert im Geruch an faule Eier.

Botrytis cinerea
Grauschimmelart, die Trauben bei feuchtwarmer Witterung befällt und den Beeren Flüssigkeit entzieht. Führt zu einer Konzentration der Inhaltsstoffe und schließlich zu edelsüßen Weinen.

Bukett
Charakteristischer Duft eines Weins.

Cava
Bezeichnung für spanische Schaumweine, die nach traditionellem Flaschengärverfahren hergestellt werden.

Chaptalisieren
(siehe auch Aufbessern, Anreichern)
Zugabe von Zucker zur Erhöhung des Alkoholgehalts. Ist nicht in jedem Land erlaubt.

Charmat-Verfahren
Gärverfahren bei der Schaumweinherstellung. Die zweite Gärung erfolgt hierbei in einem Drucktank und nicht in der Flasche.

Crémant
Schaumwein aus Frankreich, der nach traditionellem Flaschengärverfahren hergestellt wird, aber nicht aus der Region Champagne stammt.

Cuvée *(siehe auch Assemblage, Verschnitt)*
Mischung von Trauben oder Weinen unterschiedlicher Sorten mit dem Ziel, die positiven Eigenschaften der einzelnen Verschnittpartner hervorzuheben.

Degorgieren
Das Entfernen der Hefe aus der Flasche bei der Schaumweinherstellung.

Degustation
Weinverkostung.

Dekantieren
Vorsichtiges Umfüllen des Weins aus der Flasche in eine Karaffe, wobei ihm Sauerstoff zugeführt und der Wein vom möglichen Weinstein und vom Depot getrennt wird.

Denominação de origem controlada
(siehe auch D.O.C.)
Kontrollierte Herkunftsbezeichnung für portugiesische Qualitätsweine.

Denominación de Origen
(siehe auch D.O.)
Kontrollierte Herkunftsbezeichnung für spanische Qualitätsweine.

Denominación de Origen calificada
(siehe auch D.O.Ca.)
Höchste kontrollierte Herkunftsbezeichnung für spanische Qualitätsweine.

Denominazione di origine controllata *(siehe auch DOC)*
Kontrollierte Herkunftsbezeichnung für italienische Qualitätsweine.

Denominazione di origine controllata e garantita *(siehe auch DOCG)*
Höchste kontrollierte Herkunftsbezeichnung für italienische Qualitätsweine.

Depot
In der Flasche befindliche Ablagerungen von Tannin und Farbstoff. Kann durch Dekantieren vom Wein getrennt werden.

D.O.C. *(siehe auch Denominação de origem controlada)*
Kontrollierte Herkunftsbezeichnung für portugiesische Qualitätsweine.

D.O. *(siehe auch Denominación de Origen)*
Kontrollierte Herkunftsbezeichnung für spanische Qualitätsweine.

D.O.Ca. *(siehe auch Denominación de Origen calificada)*
Höchste kontrollierte Herkunftsbezeichnung für spanische Qualitätsweine.

DOC *(siehe auch Denominazione di origine controllata)*
Kontrollierte Herkunftsbezeichnung für italienische Qualitätsweine.

DOCG *(siehe auch Denominazione di origine controllata e garantita)*
Höchste kontrollierte Herkunftsbezeichnung für italienische Qualitätsweine.

Entrappen *(siehe auch Abbeeren)*
Das Entfernen der Stiele vor der Gärung.

Ertrag
Die in Hektoliter pro Hektar (hl/ha) angegebene Erntemenge.

Extrakt
Alle im Wein gelösten, nicht flüchtigen Stoffe, wie Säure, Salze, Glyzerin, Alkohol und Mineralstoffe, werden als Extrakt bezeichnet. Verleiht dem Wein Körper.

Firne
Geschmackston eines alten Weins, der nicht mehr jugendlich und spritzig ist und ein charakteristisches Bukett hat. Bei Spitzenweinen wird die sogenannte Edelfirne positiv bewertet.

Flaschengärung *(siehe auch Méthode champenoise)*
Gärmethode bei der Schaumweinherstellung. Die zweite Gärung findet in der Flasche statt.

Gärung
Vorgang bei der Weinherstellung, bei dem sich Zucker in Alkohol und Kohlensäure umwandelt, und Most zu Wein wird.

Gerbstoff *(siehe auch Tannin)*
Substanz im Wein mit adstringierender Wirkung. Wichtig für die Alterung von Rotweinen. Bei jungen Roten besonders ausgeprägt, mildert sich aber im Laufe der Reifung. Zudem ein wichtiges Konservierungsmittel.

Grand Cru
„Großes Gewächs". Im Burgund und im Elsass Klassifizierung für die besten Lagen, allgemein auch als Bezeichnung für besondere Weine verwendet.

Korkfehler
Tritt bei Flaschenweinen durch einen bakteriell befallenen Korken auf. Kann leicht mit einem Holz- oder Alterston verwechselt werden.

Maische
Gemisch aus Traubenschalen, Kernen und Stielen, das sich im Gärbehälter absetzt. Rotweine werden auf der Maische vergoren.

Méthode champenoise *(siehe auch Flaschengärung)*
Gärmethode bei der Schaumweinherstellung. Die zweite Gärung findet in der Flasche statt.

Most
Beim Most handelt es sich um nicht vergorener Traubensaft.

Mostgewicht
Es bestimmt den Reifegrad der Beeren. Wird in Deutschland und in der Schweiz in Grad Oechsle, in Österreich in KMW (Klos-

terneuburger Mostwaage) berechnet. In vielen Ländern richtet sich die Qualitätsstufe eines Weins nach gesetzlich vorgeschriebenen Mindestmostgewichten.

Oechsle
Einheit, nach der das Mostgewicht eines Weins in Deutschland und in der Schweiz gemessen wird. Nach dem Physiker Ferdinand Oechsle benannt.

Perlwein
Wein, der mit Kohlensäure versetzt wurde.

Phenole *(siehe auch Polyphenole)*
Chemische Bausteine im Wein. Sitzen in den Farbpigmenten, Tanninen und Geschmacksstoffen.

Polyphenole *(siehe auch Phenole)*
Chemische Bausteine im Wein. Sitzen in den Farbpigmenten, Tanninen und Geschmacksstoffen.

Reblaus
Ein sich von den Wurzeln des europäischen Rebstocks ernährender Schädling.

Rappen
Traubenstiele.

Rebschnitt
Um das Wachstum der Reben zu fördern und ihre Qualität zu erhöhen werden die Pflanzentriebe stark zurückgeschnitten.

Refraktometer
Instrument, mit dem das Mostgewicht eines Weins und somit sein Reifegrad bestimmt wird.

Reinzuchthefen
Zur Gärung eingesetzte, gezüchtete Hefen. Sie wandeln den Most in Wein. Der Verlauf der Gärung ist mit Reinzuchthefen eher voraussehbar als mit traubeneigenen Hefen.

Restzucker
Bei der Gärung nicht in Alkohol umgewandelter Zucker. Er ergibt die natürliche Restsüße eines Weins.

Schönung
Klärung des Weins zur Stabilisierung. Das zugesetzte Schönungsmittel bindet Trübteilchen und andere unerwünschte Partikel und setzt sich mit diesen als Bodensatz ab.

Sommelier, Sommelière
Weinkellner, Weinkellnerin.

Tannin *(siehe auch Gerbstoff)*
Substanz im Wein mit adstringierender Wirkung. Wichtig für die Alterung von Rotweinen. Bei jungen Roten besonders ausgeprägt, mildert sich aber im Laufe der Reifung. Wichtiges Konservierungsmittel.

Terroir
Im französischen Qualitätsweinbau gängiger Begriff. Mittlerweile auch in anderen Ländern häufig verwendet. Unter Terroir versteht man die Gesamtheit aller Faktoren, die charakteristisch für ein bestimmtes Anbaugebiet sind.

Trester
Traubenrückstände, die bei Weißweinen nach der Kelterung, bei Rotweinen nach der Gärung, übrig bleiben. Können zu Branntwein destilliert werden.

Tresterhut
Schicht aus Traubenschalen und anderen Feststoffen, die während der Gärung an der Oberfläche des Gärbehälters schwimmen.

Verschnitt *(siehe auch Assemblage und Cuvée)*
Mischung von Trauben oder Weinen unterschiedlicher Sorten mit dem Ziel, die positiven Eigenschaften der einzelnen Verschnittpartner hervorzuheben.

Verstärken *(siehe auch Aufspriten)*
Aufspriten des Mosts mit Alkohol, um die Gärung zu stoppen und den Alkoholgehalt der Weine zu erhöhen.

Vinifikation
Erzeugung von Wein vom Zeitpunkt der Traubenanlieferung im Keller bis zum Abfüllen auf Flaschen.

Weinstein
Sich auf dem Boden einer Weinflasche absetzende Kristalle. Sie entstehen durch den Abbau der Säure im Wein.

Weißherbst
Ein ausschließlich aus einer Rebsorte hergestellter Rosé. Die Rebsorte ist auf dem Etikett angegeben.

Register

Bildnachweis
Umschlagfotos: mauritius images (6), Studio Klaus Arras (2)
S. 17, 29, 55: Studio Klaus Arras
Alle übrigen Fotos: mauritius images

Emil-Hoffmann-Straße 1, 50996 Köln
Gesamtherstellung: Naumann & Göbel Verlagsgesellschaft mbH
Texte und Redaktion: Anita Brockmann

ISBN: 978-3-625-12219-7
www.naumann-goebel.de